Nick Baines

Am Rande bemerkt

Nick Baines

Am Rande bemerkt

Alltägliche Begegnungen mit Gott

Aus dem Englischen
von Johanna Ellsworth

Mit einem Vorwort
von Petra Bahr

LVH

Die deutschen Bibelzitate folgen der revidierten
Lutherübersetzung von 1984.

Auch wenn der Herausgeber sehr bemüht war, die Richtigkeit
schon veröffentlichter Zitate zu überprüfen und Genehmigungen
einzuholen, wenn sie angebracht erschienen, ist er gerne bereit,
mögliche Versäumnisse in zukünftigen Auflagen dieses Buchs
nachzuholen.

Bibliografische Information Der Deutschen Nationalbibliothek

Die Deutsche Nationalbibliothek verzeichnet diese Publikation
in der Deutschen Nationalbibliografie; detaillierte Daten sind im
Internet über http://www.d-nb.de abrufbar.

Originalausgabe: © This edition of Speedbumps & Potholes first
published in the United Kingdom in English in 2004 is published
by arrangement with Saint Andrew Press, 121 George Street,
Edinburgh EH2 4YN.

© für die deutschsprachige Ausgabe
Lutherisches Verlagshaus GmbH, Hannover 2007
www.lvh.de
Alle Rechte vorbehalten
Übersetzung: Johanna Ellsworth, Reutlingen
Satz: Wilhelm Seidl, Dießen a. A.
Typographie: Gesetzt aus der Stempel Garamond
Umschlaggestaltung: Andreas Klein, Stilfrei Grafikatelier,
Hannover
Druck- und Bindung: MHD Druck und Service GmbH,
Hermannsburg
ISBN 978-3-7859-0969-0

Printed in Germany

Für Linda

INHALTSVERZEICHNIS

VORWORT

Gott für nebenbei, Religion bei Gelegenheit – während das verschlafene Gesicht eines Morgens beim Zähneputzen aus dem Spiegel grüßt oder das Frühstücksei seinen Kopf verliert? Eine Minute Erbauung, Auferbauung vor der roten Ampel auf dem Weg ins Büro? Das geht doch nicht, mag der eine oder andere gute Christ da sagen. Gott und Religion, das braucht doch ungeteilte Aufmerksamkeit. Da ist Konzentration gefragt. Und Ruhe.

Gott für nebenbei, Religion bei Gelegenheit, während es lärmt und hupt und die Kinder kreischen – das ist in England eine bischöfliche Angelegenheit. Die Rundfunkandachten von Nick Baines sind eine Institution. Jeden Tag schickt die BBC seine Gedanken zum Tag über den Äther, mitten in die unordentliche Alltagswelt seiner Hörer und Hörerinnen hinein. Die Andachten von Nick Baines haben beim ersten Hören und Lesen gar nichts Andächtiges. Keine salbungsvolle Sprache macht den Radiohörern von der ersten Sekunde an klar: Achtung, jetzt kommt die Kirche. Er spricht, wie man spricht. Wie von der Leber weg, ohne verstellte Stimme oder verstellten Stil. Nimmt man sich die Andachten mal gründlicher vor, ist schnell klar: Hier plaudert einer nicht drauf los. Diese kleinen Texte sind geistliche Miniaturen, in denen jeder Satz sitzt. Wer sich in drei Minuten so klar ausdrückt, wer so konsequent dem Faden folgt, den er selbst gesponnen hat, wer so kalkuliert mit Pointen umgeht, bei dem ist nichts Zufall. Nur klingt es eben so: beiläufig und mitten aus dem Leben heraus. Gedeckt durch das eigene Leben, durch die eigenen Erfahrungen, durch die eigene Persönlichkeit. Da geht es schon mal derb komisch zu. Gott hat offenbar den britischen Humor. Dann wieder schlägt Baines leise Töne an. Fast zärtlich kommt da eine biblische Einsicht an die Hörerinnenohren. So, als wohnten Abraham und Sarah direkt nebenan. Die beiden Alten, die abends den Fernseher immer ein wenig zu laut stellen. So spricht ein Bischof, der die Sprache und die Menschen liebt, der Plattitüden und Klischees für ein Zeichen von Kleingläubigkeit oder Erfahrungsarmut hält und der davon überzeugt ist, dass die christliche Botschaft mitten in den Alltag passt. Da kann es auch schon mal ein christliches Donnerwetter geben. Nein, die Minutenbotschaften von Baines sind keine Kuschelnachrichten für die, die ein wenig weichgespülte Himmelstöne wollen. Baines Andachten sind saftig und kraftvoll. Voller Leben eben. So kriegt er sie doch, die ungeteilte Aufmerksamkeit. Und sei es nur für die Länge eines Satzes. Eine winzig kleine Ewigkeit lang öffnet Baines seine Minutenkathedrale für das Ohr eines Hörers oder einer Hörerin. Mitten ins Gedröhne der ganz normalen Dienstagswelt, wenn mal wieder Regenwetter ist, der Tag im Büro nicht enden will und die Kinder zeigen, was es heißt, in der Pubertät zu sein. Eine Welt, in die Gott passt. Baines, der Bischof, lebt selbst in dieser Welt. Er spricht nicht aus dem Off und schon gar nicht von einer weit entfernten Kanzel. Er spricht aus der Welt des Nebenbei und Mittendrin. Fast möchte man, etwas gestelzt, von »inkarnatorischer Medientheologie« reden. Gott wurde Mensch, und Baines macht daraus eine kleine Rundfunkpredigtpraxis.

Das Radio ist längst das Medium für nebenbei. Es dudelt und spricht, während tausend andere Sachen erledigt werden. Auf ungeteilte Aufmerksamkeit kann es schon lang nicht mehr hoffen. Das Bild von der Familie, die sich um den Volksempfänger schart, um mit gespitzten Ohren der Stimme aus der Röhre zu lauschen, ist lange schon Geschichte. Baines nimmt das Medium ernst, das er nutzt. Doch auch in der schriftlichen Fassung und trotz der Herausforderung, die in der Übersetzung von Texten liegt, ist die wunderbare Eigenart des Rundfunkbischofs Baines zu lesen und zwischen den Zeilen zu spüren. Das ist eine Herausforderung für alle, die das Radio dazu nutzen, in der Welt von heute vom christlichen Glauben zu reden – nebenbei und bei Gelegenheit. Hier können sie in die Schule gehen. Doch Baines kleine geistliche Kostbarkeiten sind auch für alle anderen lesenswert. Für die, die einfach nicht glauben wollen, dass die Predigt im Alltag blutleer und abgestanden klingen muss. Für alle, die sich anregen lassen wollen für die eigene Andachtspraxis: in der Schule, in der Gemeinde, in der Familie oder wo auch immer in dieser Welt ein kleiner Spalt Platz bleibt. Und Platz genug ist immer. Wir müssen ihn nur zu füllen wissen. Ich wünsche diesem Büchlein »von der Insel« viele Leser und Leserinnen, die sich anregen lassen, ihren eigenen Stil, ihre eigene Sprache zu finden für ihre »Religion bei Gelegenheit.«

Petra Bahr

EINLEITUNG

Es gibt Menschen, die ihr Leben damit verbringen, nach Wundern zu suchen, nach außergewöhnlichen Zeichen dafür, dass es Gott gibt und dass er die Hände nicht in den Schoß legt. Der Glaube dieser Menschen wird dadurch gestärkt, indem sie Gott bei seiner aktiven Arbeit auf der Erde sehen. Anderen Menschen bleibt das Wunderbare jedoch verborgen. Ihnen muss Gottes Gegenwart sich im Zentrum des alltäglichen Lebens und der menschlichen Erfahrungen ausdrücken. Auch wenn ich für Ersteres offen bin, so interessiert mich Letzteres ganz besonders. Das ist der Grund für die Neugier, die hinter meinen Texten liegt.

Meist basieren meine Überlegungen auf irgendeiner Idee, die ihren Weg ins regionale oder überregionale Radio gefunden hat. Die Herausforderung an den Radiosprecher ist die, etwas zu sagen, was die Fantasie anregt und dem Hörer die Chance gibt, die Welt vielleicht aus einer anderen Sicht zu betrachten. Das muss ohne Predigen oder Herablassung erfolgen; der Redner ist gefordert, die Sprache des Hörers zu verstehen und zu sprechen.

Für das Radio zu schreiben, stimuliert die Fantasie. Da die Gedanken hinter diesen Reflektionen hier entstehen, bin ich vielen Menschen dankbar dafür, dass sie mir die Gelegenheit gegeben haben, in ihrem Medium auf diese Weise zu sinnieren. Ich habe viele Jahre lang mit Sandra Herbert vom BBC Radio Leicester zusammengearbeitet. Auch habe ich Texte für kommerzielle Radiosender geschrieben und bin Liz Jepson und Andrew Fewster zu Dank verpflichtet. Es war mir eine große Freude und Lernerfahrung, (vor allem) mit Lucy Dichmont der Unique Broadcasting Company in London zusammenzuarbeiten und das Studio von Sarah Kennedy und ihren

Kollegen beim Broadcasting House mit meiner Gegenwart zu nerven. Sie alle sind wunderbare Menschen, und ich habe von ihnen allen gelernt.

Manchmal musste ich die Texte meiner Frau Linda und meiner Tochter Melanie unter die strengen (aber amüsierten) Nasen reiben. Ich liebe sie beide und bin ihnen für ihre kritische Großzügigkeit dankbar ... oder haben sie vielleicht nur geschwindelt, um mich glücklich zu machen? (Denn meine Söhne Richard und Andrew zeigten sich nur kritisch ...)

Die vorliegenden Überlegungen sind nicht als letztes Wort über Gott, das Leben, das Universum und alles andere gedacht. Stattdessen sind es Reflektionen, die sich aus Beobachtungen und ganz gewöhnlichen Alltagserlebnissen ergeben. Für mich als Christ ist das Erstaunlichste überhaupt die Tatsache, dass Gott sich nicht von der von ihm erschaffenen Welt ferngehalten hat, sondern gekommen ist, um unter uns als einer von uns zu leben. Die Welt, in der Jesus lebte, war eine materielle, eine aus Wasser und Wein, Fleisch und Blut und Erde. Als Handwerker, der im Norden lebte, musste er sich mit materiellen Dingen auseinandersetzen und erlitt das Schicksal derer, die sich weigern, Gott von der Politik fernzuhalten. In seinen Geschichten und Bildern verwies er zwar auf die alltäglichen Erfahrungen seiner Zuhörer, doch er war weise genug, sie ihrer eigenen Fantasie und ihrem eigenen Geist zu überlassen, damit sie selber herausfinden, worum es ihm ging.

An meinem Wohnort in South London gibt es alle paar Meter Bodenwellen. Die können für die Autofederung tödlich sein. Auch erfreuen wir uns an Schlaglöchern vom Ausmaß kleiner Weltenmeere. Diese Hindernisse sind ein Teil des alltäglichen Lebens, Gehens und Fahrens in London. Daher könnten sogar sie ein passender Ausgangspunkt für die Suche nach Zeichen von Gott sein, der zu uns gekommen ist und versprochen hat, uns nie zu verlassen. Vielleicht klingt es seltsam, ausgerechnet hier anzufangen, nach dem lebendigen Gott zu suchen – aber manche würden sicher auch sagen, dass ein Steintrog hinter einer Hütte in einem Dorf im Nahen Osten ein bescheuerter Ort war, um sich auf die Suche nach Emmanuel aufzumachen, dem Gott unter uns, oder?

EINE ANDERE SICHT DER DINGE

1   *Die Gläser schärfen*

Ich brauche eine Lesebrille. Ich weiß, das ist nicht unbedingt das Peinlichste, was ich beichten könnte, doch es ist sehr wichtig. Ich war immer stolz auf meine scharfen Augen und konnte nie nachvollziehen, wie es ist, wenn man nicht mehr ganz klar sehen kann. Doch vor ein paar Jahren merkte ich, dass ich nicht mehr lesen konnte, ohne Kopfschmerzen zu bekommen, und dass ich mich beim Lesen nicht mehr lange konzentrieren konnte. Also habe ich jetzt eine Lesebrille und kann klar sehen, ausführlich lesen und mich wieder gut konzentrieren.

Damit wäre das Ende meines Interesses an Augenoptik erreicht. Es gab eine Zeit, da konnte ich nicht scharf sehen, aber jetzt kann ich es. Halleluja! Wie die Brillengläser hergestellt wurden und wie sie funktionieren, interessiert mich wenig bis überhaupt nicht. Schließlich bin ich kein Wissenschaftler, und ich muss mich nicht lange mit der Erklärung aufhalten, wie das Licht durch die Linsen gebrochen wird und wie es von meinem Gehirn wahrgenommen wird. Ich begreife es nicht, und es interessiert mich auch nicht. Wahrscheinlich könnte ein Optiker es mir ausführlich erklären; er könnte beschreiben, wie der Schliff der Gläser es mir möglich macht, klar zu sehen, aber ich bin nicht sicher, ob ich wirklich etwas verstehen würde. Alles, was ich verstehe, ist, dass ich sehen kann, was ich sehen soll, wenn ich die Brille aufsetze.

Man sagt, alle Menschen hätten eine Linse hinter den Augen – eine metaphorische Linse, die nur selten oder gar nie herausgenommen und der kritischen Analyse ausgesetzt wird. Das ist die Linse, durch die ich Gott, die Welt und mich selbst sehe. Ich hinterfrage das, was ich sehe, nur selten, und gehe meistens davon aus, dass es so ist, wie ich es sehe. Mehr kann ich darüber nicht sagen. Doch diese Linse ist für die Sichtweise, wie ich das Leben und den Tod und das Glück und den Schmerz betrachte, so wichtig, dass ich sie nicht unerforscht und unberührt ignorieren kann.

Im Neuen Testament gibt es ein Wort, das jeder kennt und kaum einer versteht: Es lautet Buße. Sobald man das Wort im Pub ausspricht, gehen die Leute davon aus, dass es um Christen geht, die andere dazu bringen wollen, vor Gott in die Knie zu gehen, ihre Persönlichkeit aufzugeben und »ein netter Mensch« zu werden. Aber es könnte Sie überraschen, dass das griechische Wort »metanoia« buchstäblich »Sinneswandel« bedeutet. Oder es bedeutet – wie ich es zu interpretieren wage –, sich die Linse hinter den Augen polieren zu lassen, um einen anderen Durchblick zu bekommen. Wenn ich zum Beispiel meinen Selbstwert für niedrig erachte, könnte so eine geschärfte Linse es mir möglich machen, mich deutlicher so wahrzunehmen, wie Gott mich sieht: geliebt, wertvoll, voller Potenzial. Statt mich und die Welt als selbstverständlich zu erachten, würde ich dann vielleicht erkennen, dass dieses Geschöpf kostbar ist und mit Sorgfalt behandelt werden muss, um nicht durch selbstsüchtigen Missbrauch zerstört zu werden. Und wenn ich Gott als einen grausamen Polizisten im Himmel ansehe, dessen größter Zeitvertreib es ist, mich bei Missetaten zu ertappen, dann brauche ich vielleicht neue Bilder voller beschützender Geborgenheit, grenzenloser Großzügigkeit und aufopfernder Liebe.

Anders ausgedrückt: Alle Menschen sollten von Zeit zu Zeit die Linse hinter ihren Augen herausnehmen, sie sorgfältig untersuchen und schärfen lassen, um sich selbst, die Welt um sie herum und den Gott, der sie umsorgt, klarer zu sehen. Ein anderer Blickwinkel könnte unser Leben verändern, unsere Sicht verändern und unsere Vorurteile hinterfragen.

Das wär doch gar kein so schlechter Anfang, nicht wahr?

2 Zwischen zwei Welten

Wenn man Kinder im Teenageralter hat, macht man die interessante Entdeckung, dass sie nicht unbedingt den Musikgeschmack ihrer Eltern teilen. Natürlich gibt es noch viele andere interessante Herausforderungen für Eltern von Jugendlichen ... zum Beispiel Pickel oder unglaublich konzentrierte Mengen von Deospray in der Luft oder – darf ich wagen, es auszusprechen? – ein beängstigend professioneller Umgang mit Computern, technischen Geräten und allem Elektronischen, was mit Tasten versehen ist. Aber es ist die Musik, mit der ich mich jetzt befassen will.

Seien wir ehrlich: Ein Haus mit Teenagern ist ein Haus ohne Stille. Wenn sich in einem Zimmer eine Musikanlage befindet, dann muss diese Anlage laufen. Die Tatsache, dass der Fernseher auch gerade läuft, ist nur ein geringfügiges Detail. Und dass der besagte Teeny die Hörstöpsel seines persönlichen MP3-Players im Ohr stecken hat, ist für das Bedürfnis, noch mehr musikalische Geräusche zu erzeugen, eindeutig (wenn auch unerklärlich) irrelevant. Welchen Raum des Hauses man auch betritt – man stößt auf Musik und Krach und noch mehr Musik und noch mehr Krach.

Neulich kam ich nach Hause, lauschte zufrieden in meinem Arbeitszimmer einem Violinkonzert und dachte still über den vergangenen Tag nach. Ich wusste nicht, dass noch jemand im Haus war ... das heißt, bis im Obergeschoss die Gegenoffensive startete. Ich weiß nicht, wie die Band hieß (und ehrlich gesagt will ich es auch gar nicht wissen), doch sie bildete einen krassen Kontrast zu meiner Musik. Ich war verärgert, verstört und verwirrt. Ich konnte nicht entscheiden, ob ich das Violinkonzert lauter stellen sollte oder dem Sperrfeuer im Obergeschoss nachgeben und zulassen sollte, dass es als Sieger des

Tages hervorging. Doch meine Unentschlossenheit konnte die entschlossene Reaktion meiner Gefühle nicht verbergen: Wut stieg in mir hoch und meine gute Laune war verdorben.

Als die Angelegenheit jedoch geklärt war und ich wieder Ruhe zum Nachdenken hatte, stellte sich heraus, dass dieses Erlebnis nicht nur negativ war. Irgendwie schien es den Lebenskampf vieler Menschen in einer komplexen Welt widerzuspiegeln und zu zeigen, wie es einem ergeht, wenn man in einer Gesellschaftskultur, die anders denkt, an bestimmten Werten oder Überzeugungen festhalten will. So wurden zum Beispiel diejenigen, die mit Bitten um Gnade und Demut auf die Al-Quaida-Terroranschläge im September 2001 in New York reagierten, so manches Mal von den lauten Forderungen nach Rache verspottet. Auch kann es in einer Kultur, die Schönheit und Erfolg anbetet und das Recht auf Selbsterfüllung fordert, unangenehm werden, schwache, alte oder weniger begabte Menschen zu unterstützen. Es kann schwierig sein herauszufinden, welche Musik man hören sollte und welche man herausfiltern muss. Die widersprüchlichen Rhythmen und Melodien harmonieren nicht, sondern drohen nur, die Zuhörer zu verwirren und zu nerven. Es ist ein bisschen so, als ob man zwischen zwei Welten leben würde und nicht immer sicher wäre, welche von beiden mehr Substanz hat. Wie kann man entscheiden, was man glauben oder wie man leben sollte? Auf welche Melodie konzentriert man sich inmitten der Katzenmusik?

Ich vermute, dass es beim Glauben genau darum geht – mit den Widersprüchen und den miteinander konkurrierenden Rhythmen des wahren Lebens zu leben ... und trotz des unharmonischen Getöses an einer Melodie festzuhalten. Das ist die Realität des gläubigen Lebens in einer verwirrenden Welt. Es ist ein ständiger Kampf für jeden, der nicht vom Zeitgeist weggetragen werden will, der sich nicht von einer Sirenenstimme oder verlockenden Melodie verführen lassen möchte, sondern der die Wahrheit hören und sein Leben richtig gestalten will. Und es zeigt die Schwierigkeit, wie Jesus es einmal ausdrückte, »in dieser Welt zu sein, wenn man nicht von dieser Welt ist«.

Ach ja ... falls es Sie interessiert: Ich schlug die Tür zu und drehte das Violinkonzert auf!

3   Maulwürfe und andere Lebensfragen

Ich möchte Ihnen von meinen beiden Maulwürfen erzählen. Nein, das Folgende sind keine Tipps Ihres Gemeindepfarrers zur Haustierpflege. Ich spreche von echten Gartenmaulwürfen, diesen pelzigen Kreaturen, die nur dann auftauchen, wenn man gerade nicht hinschaut.

Als meine Familie und ich in einem Pfarrhaus in Leicestershire wohnten, nannten wir einen riesigen Garten unser eigen. Er hatte hohe alte Bäume, einen kleinen glucksenden Bach und viel zu viel Rasen, der gemäht werden musste. Er grenzte an eine Wiese, auf der die Kühe eines Bauern grasten. Oft kletterten die Enten aus dem Bach heraus und sonnten ihre Küken auf unserem Rasen. Es war ein herrlicher Garten, und jeder Tag schenkte uns eine neue Köstlichkeit auf der reichhaltigen Speisekarte an Erlebnissen und Sichtweisen, die die Natur zu bieten hat.

Ich erinnere mich an einen Tag – es war mein freier Tag –, an dem ich vorhatte, den Garten endlich in den Griff zu bekommen. Nun muss ich zugeben, dass dies nicht gerade meine Lieblingsbeschäftigung ist – ich habe keine grünen Daumen –, doch im Winter konnte ich kaum Heuschnupfen als Ausrede verwenden, um der Gartenarbeit zu entkommen. Als ich nach draußen ging, bekam ich einen Riesenschreck. Der Rasen, den meine Frau jahrelang liebevoll gehegt und gepflegt hatte, war ruiniert. Es sah aus, als wären überall winzige Vulkane ausgebrochen. Doch obwohl Maulwürfe gewöhnlich in einer Linie graben und die Erde in regelmäßigen Abständen aufhäufen, muss dieser Maulwurf betrunken gewesen sein. Überall waren Löcher – in einer Ecke des Gartens hatte er sich sogar mehrmals im Kreis bewegt. Und außerdem muss er der dümmste Maulwurf von Leicestershire gewesen sein, denn an einer Stelle hatte er sogar versucht, unter einer Baumwurzel aufzutauchen.

Nun kann ich zwar Maulwürfe nicht ausstehen, aber ich bewundere sie insgeheim für das, was sie tun. Auch wenn die Oberfläche ungetrübt erscheint und der Garten friedlich wirkt, gibt es unter dem Ganzen da jemanden, der gräbt und stöbert und eine peinliche Unordnung schafft. Und gerade wenn man glaubt, man hätte die kleinen Biester umzingelt, tauchen sie ab, verstecken sich für ein paar Tage, um dann mit einem spöttischen, hinterlistigen Erdhügel wieder ans Tageslicht zu kommen. Sogar unsere Katze gab irgendwann jeden Versuch auf, diesen Maulwurf zu erwischen.

Einer meiner Jugendhelden teilte die Lebenssicht der Maulwürfe. John Lennon schrieb einen tollen Song, der den Refrain »But one thing you can't hide is when you're crippled inside« hat. (»Doch eines kannst du nicht verstecken: Wenn du innerlich verkrüppelt bist«). Er war jemand, der die allgemein akzeptierte Ansicht hinterfragte, dass die Welt so ist, wie sie ist. Er traute sich, das Oberflächliche und Sichere anzuzweifeln, indem er unter der Oberfläche grub und die Wahrheit, so wie er sie sah, ans Licht beförderte. Vielleicht hatte er nicht immer Recht, doch er hatte Recht, es zu versuchen. Er war ein Maulwurfmensch.

Mir scheint, dass Maulwurfmenschen das ausgraben, was unter der Oberfläche liegt. Sie geben sich nie mit dem schönen Anschein zufrieden, wenn das, was darunter verborgen ist, hässlich oder schmerzhaft ist. Sie stellen immer wieder die Fragen, die andere lieber verdrängen würden. Wenn man glaubt, man hätte alle Antworten parat, graben sie die Frage aus, die einen zwingt, von Neuem zu beginnen. Sie sind mehr an der Wahrheit und Wirklichkeit als an Bequemlichkeit oder Komfort interessiert.

Jesus war auch ein Maulwurfmensch. Er hatte die Angewohnheit, anders zu sein, die Selbstgerechten zu stören und den Gestörten gerecht zu werden:

- Wurden wir Menschen wirklich geboren, nur um zu kaufen und Waren zu konsumieren?
- Ist ein Fußballspieler tatsächlich mehrere Millionen Pfund wert? Oder ist er vielleicht genauso viel wert wie Sie und ich und die verwundbaren Flüchtlinge irdischer Konflikte?
- Ist der Profit wirklich wichtiger als Menschenleben, wenn es darum geht, Waffen an dubiose fremde Regime zu liefern?
- Warum glauben wir, wir sollten Menschen klonen, nur weil wir es können?
- Ist die Marktwirtschaft wirklich frei? Und wer bezahlt den Preis für die Freiheit anderer?

Mir ist natürlich klar, dass Jesus die Abschlussprüfung an der Englischen Schule für Taktgefühl und Diplomatie nicht bestanden hätte, ging er doch sogar so weit, die religiösen Anführer seiner Zeit »aufgetakelte Grabmäler« zu nennen. Sie mögen zwar nach außen hin nett und dekorativ gewirkt haben, doch ihr Inneres war verrottet und stank. Ich habe eine vage Vermutung, dass diejenigen, denen diese Bezeichnung galt, sich nicht unbedingt dafür erwärmen konnten.

Die Wahrheit ist eben oft schwer zu ertragen – vor allem von Leuten, die überzeugt sind, Recht zu haben.

4   Bodenwellen und Schlaglöcher

Als Yuri Gagarin als erster Mensch ins Weltall flog, befand sich unter seinem Reisegepäck sicher auch ein Koffer voller Vorurteile. Bei seiner (sehr schnellen) Rückkehr erklärte er frech und ironisch, er sei »da oben«, wo manche Leute den Himmel vermuten, Gott nicht begegnet. Man sollte dem Mann eine Medaille dafür überreichen, dass er etwas so Offensichtliches geäußert hat.

Gagarin war vielleicht nicht unbedingt der feinsinnigste Denker, wenn es um die Frage nach der Existenz oder Abwesenheit Gottes geht. Die menschlichen Erfahrungen und spirituellen Sehnsüchte von Jahrtausenden lassen sich nun einmal nicht von der nicht besonders tiefsinnigen Wahrnehmung eines Astronauten auslöschen, der geglaubt hat, Gott könnte auf eine so simple Weise unwiderruflich entlarvt werden. Das ist ungefähr so, als ob man an Weihnachten in die Krippe schaut und singt »no crying he makes« (Er weint ja gar nicht) – kein Wunder, dass die Menschen glauben, Jesus hätte es nicht wirklich gegeben, wenn sie von ihrer Fantasie ausgehen.

Viele Leute machen eine ähnliche Erfahrung, wenn sie sich in einer Lebenskrise befinden oder einen Verlust zu betrauern haben. Dann bitten sie Gott darum, von »da draußen« einzugreifen, und werden wütend, wenn er das nicht zu tun scheint. Und dennoch ist der Kern des christlichen Glaubens, dass Gott nicht »da draußen«, weit weg von menschlichen Erlebnissen und den Schicksalen dieser Welt, gefunden werden kann, sondern »direkt hier«, wo wir unser Leben leben. »Immanuel« bedeutet »Gott unter uns«, direkt hier, wo Schmerz und Freude unmittelbar empfunden werden, direkt hier, wo die Lösungen menschlicher Probleme nicht immer leicht zu finden sind.

Betrachten wir es einmal aus einer anderen Sicht. Als Jesus auf der Erde lebte, beschrieb er Gott nicht nur mit theoretischen Begriffen. Stattdessen verwendete er, wenn er mit vielen verschiedenen Menschen redete, Bilder, Metaphern, Geschichten und die Sprache, mit denen seine Zuhörer sich jeweils identifizieren konnten. In gewisser Weise brachte er Gott »auf die Erde« und verwurzelte ihn im Hier und Jetzt. Viele der Gleichnisse, die er erzählte, beziehen sich auf sein heutiges wachsendes Reich, im Hier und Jetzt mit den Menschen unserer Zeit.

Der asiatische Theologe Kosuke Koyama schrieb ein Buch mit dem Titel: »Water Buffalo Theology«. In Süd-London, wo ich wohne, gibt es zwar keine Wasserbüffel (auch wenn mich nichts mehr überraschen kann), doch es gibt dort andere Aspekte des Alltags, die einen ähnlichen Zweck erfüllen. Ich kann mich täglich umsehen und überall die Zeichen Gottes sehen, die auf seine Gegenwart hinweisen oder die auch einfach nur Bildnisse sind, die mich dazu anregen, über die Wirklichkeit des Lebens mit Gott nachzudenken. Draußen vor meinem Haus befindet sich zum Beispiel ein Schlagloch, das bald als offizielle Bergbaugrube eingestuft werden wird. Ein paar Meter weiter gibt es eine Reihe von Bodenwellen, die – wie der Gemeinderat hofft – den Verkehr verlangsamen wird (statt den Herstellern von Autoersatzteilen neue Abnehmer zu garantieren).

Vor kurzem sah ich, wie ein Auto die Straße entlang raste, das Schlagloch mit einem dumpfen Schlag erwischte und dann mit Vollgas weiterfuhr, bis es mit quietschenden Reifen vor den Bodenwellen abbremste. Der Fahrer wirkte genervt. Doch wäre er vernünftig gefahren und hätte er die realen Gegebenheiten außerhalb des starren Rahmens seiner Karosserie wahrgenommen, wäre er beständiger und ohne Behinderungen voran gekommen. Während ich ihm zusah, erkannte ich, dass ich im Leben ähnlichen Entscheidungen begegne: Ich mag es auch nicht, dass die Welt und das Leben mir alle möglichen unwillkommenen Hürden in den Weg legt, oder dass es mir manchmal so vorkommt, als würde die Straße unter meinen Rädern zerbröckeln. Doch wenn ich einfach langsamer fahre und auf die Welt um mich herum achte, mache ich vielleicht die Entdeckung, dass die Schlaglöcher und Bodenwellen vielen Zwecken dienen – zum Beispiel, dass ich langsamer werden muss, um die Hürden zu bemerken, die sich vor mir auftun. Trotzdem fallen mir genügend andere Bildnisse für Gottes Gegenwart ein, die sich genauso gut eignen würden, wenn der Gemeinderat so vernünftig wäre, das Schlagloch endlich auffüllen zu lassen.

5   Kühe und Neugier

Während der Äonen menschlicher Geschichte und
Zivilisation haben weise Männer und Frauen ein paar
unwiderlegbare Wahrheiten über die Welt geäußert –
Wahrheiten, die von einer Generation zur nächsten
weitergereicht wurden und es den Menschen ermöglicht haben, menschlicher und klüger zu leben. Nun,
jetzt bin ich an der Reihe. Also bereiten Sie sich
darauf vor, eine Wahrheit zu erfahren, die so wichtig
ist, dass sie all Ihr bisheriges Denken über den
Haufen werfen wird, und die unwiderlegbar ist: Man
kann eine Kuh die Treppe hinauf bringen, aber man
kann keine Kuh die Treppe hinunter bringen.
Nun … das verändert doch Ihr ganzes Leben, nicht
wahr?! Na ja, vielleicht tut es das, falls Sie ein Bauer
sind, der ein Mehrfamilienhaus als Kuhstall benutzen
will. Ich hörte diese kleine Lebensweisheit eines
Tages im Autoradio, während ich versuchte, das
Einbahnstraßensystem von London zu meistern –
was meiner Meinung nach noch schwieriger ist, als
eine Kuh dazu zu bringen, die Treppe hinunter zu
gehen.
Schon allein die Strecke nach London war eine interessante Erfahrung. Die M1 ist nicht gerade die auf-
regendste Straße der Welt. Doch dann fiel mir im
Vorbeifahren eine Brücke auf, auf die jemand in großen weißen Buchstaben »Gib mir Inspiration!« geschrieben hatte. Das konnte ich gut nachvollziehen.
Wer immer entschieden hatte, dass diese Brücke nach
dieser Graffiti verlangte, hatte anscheinend denselben Weg wie ich zurückgelegt.
Ob Sie es glauben oder nicht, beides – Kühe und die
Bitte um Inspiration – haben in einer zwar merkwürdigen, doch interessanten Hinsicht miteinander zu
tun. Die Trivialindustrie (und da gibt es mittlerweile
hunderte von Webseiten im Internet, die sich nur mit

trivialem Wissen und nutzlosen Informationen beschäftigen) entstand aufgrund unserer menschlichen Neugier auf die Welt und wie sie funktioniert. Solch ungewöhnliche Fakten wie die Tiefenangst von Kühen reizen unsere Fantasie und wecken immer wieder die Hoffnung in uns, dass das Leben doch vielfältiger und bunter ist, als die Alltagsroutine es erscheinen lässt. Und auch wenn die Mehrheit vom Gegenteil ausgeht – die Inspiration taucht nicht einfach aus der Leere auf; stattdessen entsteht sie aus einem Geist, der immer neugierig ist und der ständig die Welt hinterfragt, beobachtet, betrachtet, sieht und sich wundert.

Die Gelehrten, die einst die Bibel schrieben, erhoben den gewagten Anspruch, dass wir Menschen als Ebenbild Gottes geschaffen sind. Dies scheint mir richtig zu sein. Denn die Welt, die Gott erschaffen hat, ist eine Welt, die Neugier an jeder Ecke hervorruft, inspiriertes Nachdenken und Fantasie möglich macht. Es ist eine Welt voller Musik und Gedichte, voller Bilder und ungezähmter, staunenswerter Schönheit. Und unsere menschliche Fantasie wird ständig von einem Gott gereizt und angeregt, der uns in der Person des Jesus von Nazareth ermuntert, die Welt und uns selbst durch andere Augen oder Linsen zu betrachten. Ganz gewöhnliche Leute folgten ihm, weil er ihre Herzen zum Lodern brachte und ihre Vorstellung von dem, was sein könnte, inspirierte. Er hat die Erwachsenen gewarnt, dass sie Gott nicht begreifen würden, wenn sie nicht wieder wie Kinder würden – das heißt, grenzenlos neugierig und nicht bereit, sich mit dem Oberflächlichen abspeisen zu lassen.

Was mich betrifft, so wünsche ich mir, dass meine Neugier wächst und mein Hinterfragen der Welt sich weiterentwickelt. Ich werde um Inspiration bitten und Freude an allen möglichen trivialen Dingen haben, die ein vielseitiges Leben noch bunter machen. Und da ich mich von diesen Gedanken ablenken ließ und dem Rest der Radiosendung nicht mehr zuhörte, werde ich mich wohl weiterhin darüber wundern müssen, warum man Kühe nicht die Treppe hinunterführen kann.

6   *Blumen in der Wüste*

Wie meine Freunde bestätigen können, sind Blumen nicht mein Ding. Ich kenne mich in der Natur allgemein nicht sonderlich gut aus, doch bei Blumen versage ich völlig. Als Pflanzenkunde den Menschen zugeteilt wurde, wurde ich aus der Schlange der Bewerber herausgejätet. Vielleicht deswegen, weil ich schrecklich von Heuschnupfen geplagt werde, und meine Unkenntnisse eine Art primitiver Schutzmechanismus sind, der mich vor der Gefahr bewahren soll, Blütenblättern und Kelchblättern (... was immer das auch sein mag) zu nahe zu kommen. Egal aus welchem Grund – ich kenne mich mit Pflanzen nicht aus.

Als ich Mitte der achtziger Jahre an einem theologischen College in Bristol studierte, widmete ich meine Freitagnachmittage dem Gartenteam der Universität. Ich weiß noch, dass ich gebeten wurde, das Unkraut im alten Rosengarten vor dem Hauptgebäude zu jäten. Ich verbrachte zwei glückliche Stunden damit, Unmengen von wucherndem Grünzeug aus der Erde zu ziehen, bevor man mir sagte, dass ich gerade sämtliche Rosenpflanzen entwurzelt hatte, die man vor einer Woche mühsam eingepflanzt hatte. Dieser Rekord erfüllt mich nicht mit Stolz, und ich übertreibe auch nicht. Zwanzig Jahre lang habe ich meiner Frau Nelken geschenkt und erst vor kurzem herausgefunden, dass sie Nelken nicht ausstehen kann, aber meine Gefühle nicht verletzen wollte. Wenn ich daran denke, dass ich ihr all die Jahre genauso gut hätte Löwenzahn mitbringen können!

Ich bin einfach nicht versiert, wenn es um Flora geht – und noch nicht einmal, was Fauna betrifft.

Doch eines weiß ich: Manche Blumen wachsen nur in einer bestimmten Umgebung. Diese Tatsache wurde mir durch eine Geschichte klar, die mir ein

Freund erzählte, der als Missionar gerade aus einem Dürregebiet in Afrika zurückgekehrt war, um an einer christlichen Konferenz in England teilzunehmen. Er war deprimiert und ausgelaugt, und das Letzte, was er tun wollte, war, eine solche Versammlung zu besuchen. Doch dann betrat ein Redner die Bühne und begann seine Ansprache mit den folgenden Worten:

Es gibt Blumen, die wachsen nur in der Wüste. Wenn Sie in der Wüste sind, ist es sinnlos, Blumen zu suchen, die nur in fruchtbaren Gegenden wachsen. Dann werden Sie ständig enttäuscht werden. Doch wenn Sie die einzigartigen Blumen suchen, die nur in der Wüste gedeihen, in der Sie sich befinden, so werden Sie reich belohnt.

Das änderte die Sicht meines Freundes. Es war sinnlos, sich ständig zu wünschen, das Leben wäre besser oder leichter. Er befand sich in einer Wüste und hatte die Wahl, entweder immer gefrusteter darüber zu werden, dass er nicht woanders war, oder zu versuchen, die Welt anders zu sehen. Er wählte Letzteres und kehrte wie umgewandelt nach Afrika zurück. Seine Lebensumstände hatten sich zwar nicht verändert, aber er war verändert.

Ich glaube, so ist es auch mit Gott. Es gibt Erfahrungen mit Gott und Erkenntnisse über ihn, die an jenen Orten, wo das Leben vollkommen harmonisch verläuft, nicht möglich sind. Manchmal, wenn wir alle Sicherheiten und trügerischen Annehmlichkeiten eines bequemen Lebens entbehren, begegnen wir Gott in dieser unwirtlichen Gegend, in der er einfach nur langsam an unserer Seite geht.

Auch wenn die Vorstellung etwas ungewöhnlich erscheint, kann es sehr wertvoll sein, die Linse auszuwechseln, durch die ich meine Lebensumstände betrachte. Schließlich geht es beim Beten hauptsächlich darum, mich in meinen Lebensumständen zu ändern, und nicht darum, mich aus ihnen auszuklinken. Es geht darum, die Welt und meine Situation durch Gottes Augen zu sehen, und dadurch anders auf sie zu reagieren.

Im Rhythmus der Jahreszeiten werde ich die Dinge suchen, die ich sonst verpassen könnte. Ich werde den Winter für das, was er ist, genießen, und nicht für das, was er nicht ist. Und ich werde wieder einmal überlegen, wie es mir helfen kann, über mein Inneres nachzudenken, indem ich über meinen Horizont hinausblicke.

7   Der Glaube an die Achterbahn

Ich habe in die leere, schreckliche Finsternis des
Schwarzen Lochs geschaut. Ich habe *Nemesis* ins
Gesicht gesehen und gespürt, wie mein Herz in der
Brust hämmerte. Ich habe dem Abgrund ins Auge
geblickt und überlebt. Ich war im Vergnügungspark
Alton Towers ... und ich habe schreckliche Angst.
Na ja, soviel Angst nun auch wieder nicht! Ich werde
Ihnen gleich sagen, was *Oblivion** ist. Doch lassen
Sie mich erst erklären, was es mit Nemesis auf sich
hat. Man steht eine geschlagene Stunde lang an, während man sich fragt, ob man noch ganz richtig im
Kopf ist. Wenn man endlich an der Reihe ist, setzt
man sich auf seinen Platz und legt sich den
Sicherheitsgurt um die Brust. Der Sicherheitsgurt
wird an einem Sitzgurt befestigt. Dann verliert man
den Boden unter den Füßen. Man wird an einem steilen Abhang hinaufgezogen, bis man hoch oben über
den Menschenmassen, die Schlange stehen, in die
Tiefe, im Kreis, kopfüber nach links und nach rechts
geschleudert wird. Dreißig Sekunden später erhebt
man sich schwankend aus seinem Sitz und lacht unter
Tränen. Es ist umwerfend.
Doch wenn ich mich hineinsetze, zerre ich immer
wieder an dem Sicherheitsgurt. Ich will mich vergewissern, dass er mich hält, während ich in der Luft
herumgeschleudert werde. Es bleibt immer ein Rest
an Zweifel übrig, doch ich bin zu stolz, um im letzten
Augenblick zu flüchten. Im Endeffekt vertraue ich
auf die Techniker, die Sicherheitsleute und die Tatsache, dass schon Tausende von anderen Besuchern
diese Vergnügungsfahrt mitgemacht haben, ohne
herunterzufallen.
Das ist wahrer Glaube.
Wenn Leute mir sagen, dass sie an Gott (oder sonst
etwas) glauben, schaue ich mir ihr Leben an, um zu

sehen, ob sie mir die Wahrheit sagen. Es reicht nicht zu glauben, dass Gott vertrauenswürdig oder zuverlässig ist. Es reicht nicht, zu denken, man würde irgendetwas glauben. Wirklicher Glaube zeigt sich dann, wenn ich ihm mein Leben widme. Ich kann behaupten, ich würde an einen Gott glauben, der mich liebt, der mir vergibt, wenn ich sündige, und der mich befreit. Aber wenn ich mein Leben nicht der Wahrheit dieses Glaubens widme, bin ich ein Heuchler. Wenn ich mich selbst nicht ausstehen kann und meine Mitmenschen hasse, zeigt mir das, dass mein »Glaube« an Gott nichts als Wunschdenken oder romantische Sentimentalität ist. Glaube bedeutet Handeln. Wenn Gott mir vergibt, muss auch ich so großzügig sein, anderen zu vergeben, die mir Unrecht zufügen.

Oder wenn ich zwar daran glaube, dass Gott der Schöpfer und Bewahrer des Universums ist und dass, wie es der Dichter im Alten Testament ausdrückt, »die Erde und alles, was auf ihr ist, dem Herrn gehört«, doch gleichzeitig so lebe, als könnte die Welt ohne Rücksicht auf die Erde und all ihre Lebewesen ausgebeutet werden, dann mache ich mir selbst etwas vor (wenn auch vermutlich anderen nicht). Dann ist die Wahrheit ganz einfach, dass ich glaube, die Welt würde mir gehören, und ich könnte damit machen, was ich will, und Gott sei eine Fantasiefigur wie der Weihnachtsmann und Dornröschens gute Fee.

Doch zurück zur *Vergebungs-Achterbahn*. Bei dieser Vergnügungsfahrt setzt man sich in einen Wagen, fährt hinauf bis an die Spitze, schwebt über einem senkrechten Abgrund und rast in die Tiefe, während man Zeter und Mordio schreit. Man braucht keinen Glauben, um auf dem Boden des Vergnügungsparks zu stehen, hinauf auf die Achterbahn zu sehen und zu erklären: »Ich glaube, da kann ich mitfahren.« Sie müssen sich in den Wagen hineinsetzen und in den Abgrund rasen, bevor ich Ihnen das glaube. (Ich bin geflüchtet.)

*Anmerkung der Übersetzerin: Der Originalname der Achterbahn im englischen Vergnügungspark Alton Towers lautet »oblivion«, was »Vergessenheit« bzw. »Vergesslichkeit« sowie »Gnadenerlass« oder »Vergebung« bedeutet. Das Wortspiel des Autors bezieht sich auf »Vergebung«.

DURCH FREMDE AUGEN SEHEN

8   Eine Platzanweiserin in Paris

Gehen Sie in Frankreich nie ohne eine Menge Kleingeld ins Kino. Vor vielen Jahren, während ich in Paris arbeitete, ging ich mit einer Gruppe von Freunden am Boulevard St. Michel in ein Kino, um einen Film mit Dustin Hoffman zu sehen. Jeder von uns elf war pleite, und wir hatten uns vorher ein Schinkenbrot als Abendessen geteilt. Wir alle legten zusammen und brachten gerade genug Geld für den Eintritt auf. Die entzückende Platzanweiserin war sehr nett. Sie lächelte mit der Ausdauer einer internationalen Leistungssportlerin und bestand darauf, jedem von uns die Hand zu schütteln. Als diese Formalitäten erledigt waren, führte sie uns in einen völlig leeren Kinosaal und wies uns eine ebenso leere Reihe von Sitzplätzen zu. Wir hätten uns überall hinsetzen können. Doch sie bestand darauf, uns mit ihrer beeindruckenden Taschenlampe zu unseren Sitzplätzen zu führen. Wir lächelten, bedankten uns mehrmals und setzten uns. Sie war eindeutig hocherfreut, uns zu sehen.
Nun, höre ich Sie sagen, ist das nicht herzerwärmend und ein gutes Zeichen für die Beziehungen zwischen Frankreich und England? Das mag ja sein, doch es wurde etwas problematisch, als sie nicht wegging. Und es schien, als könnte nichts sie dazu bewegen, uns in Ruhe zu lassen. Sie schien so erfreut, mich zu sehen, dass ich anfing, mich zu fragen, wann sie mir

einen Heiratsantrag machen würde. Nun hatte ich nicht zum ersten Mal in der Lotterie des Lebens bei der Sitzverteilung den Kürzeren gezogen und saß am Ende der Reihe direkt neben dem Gang, der immer noch von der reizenden Platzanweiserin besetzt war. Sie blinzelte mit den Augen, lächelte kokett und blieb erwartungsvoll stehen. Ich war sicher, dass sie sich in mich verliebt hatte, und badete mehrere Sekunden lang in ihrer zärtlichen Bewunderung. Dann wurde mir mit deprimierender Klarheit schlagartig bewusst, dass sie auf ihr Trinkgeld wartete.

Ich stieß meinen Sitznachbarn an und fragte ihn, ob er Münzen für ihr Trinkgeld hätte. Er hatte nichts, doch er war so gütig, seinen Nachbarn anzustoßen und die Bitte weiterzugeben. So ging es quer bis ans andere Ende der Reihe und zurück. Niemand hatte einen Centime. Und ich hatte keine Ahnung, wie ich das der Platzanweiserin beibringen sollte, die es für ihren Glückstag gehalten haben muss, als wir elf ihr Kino betreten hatten. Ich zuckte mit den Schultern und murmelte, dass wir ihr kein Trinkgeld geben könnten. Sie wurde wütend und fing an, mir obszöne Schimpfwörter an den Kopf zu werfen (von denen ich die meisten verstand). Dann verbrachte sie den ganzen Film damit, an der Seite zu stehen und mich mit ihrer Taschenlampe zu blenden.

Es war sowieso ein schlechter Film.

Mir war natürlich nicht klar, dass sie für ihre Arbeit keinen Lohn erhielt. Sie lebte von den Trinkgeldern. Das erklärte ihre Wut und Enttäuschung. Erst einige Tage später klärte mich jemand darüber auf, und es war mir natürlich sehr peinlich. Unser Trinkgeld hätte an jenem Abend vielleicht ihr Essensgeld bedeutet. Als ich die Situation durch ihre Augen sah, nahm sie eine ganz andere Bedeutung an. Der fremde Blickwinkel änderte mich und meine Sichtweise. Ich habe diesen Vorfall nie vergessen und wünsche mir heute noch, ich könnte sie finden und mich für unsere Dummheit entschuldigen. Ich hätte herausfinden sollen, wie die Dinge in Paris gehandhabt werden, und das Ereignis aus ihrer Sicht betrachten sollen.

Es scheint mir, dass Jesus von Nazareth genau das versucht hat: Die Menschen dazu zu bringen, durch die Augen anderer zu sehen. Er wollte erreichen, dass sie für die Möglichkeit offen werden, dass das Leben und Gott aus mehr bestehen als aus dem, was ihre bisherigen Erfahrungen und Vermutungen sie glauben ließen. Ja, das würde ihre Vorurteile in Frage stellen und ihre Selbstgerechtigkeit erschüttern. Ja, es würde ihnen die Augen für neue Verpflichtungen öffnen und sie zwingen, ihre eigenen Handlungen anders zu betrachten. Und ja – es hätte seinen Preis.

Doch wie bei meiner Begegnung mit der Platzanweiserin in Paris könnte es nicht nur für mich, sondern für so manchen die Welt verändern.

9   Wecker und Weckrufe

Als Gott die Fähigkeit austeilte, frühmorgens hell-
wach aufzustehen, befanden mein Bruder und ich
uns noch nicht einmal am Ende der Warteschlange.
Wir hatten verschlafen.

Sie könnten nun fragen, warum mein Bruder dann
ausgerechnet Briefträger wurde? Als Briefträger zu
arbeiten bedeutet, zu einer Zeit aufzustehen, die man
als vorchristlich bezeichnen könnte. Nun, mein Bruder schaffte sich einen riesigen Wecker aus Messing
an und deckte ihn mit Topfdeckeln und anderen
Gegenständen zu. Wenn er den Wecker nicht abge-
stellt hatte, bevor der anfing zu klingeln, wurde er
von herunterfallenden Blechteilen und lautem
Scheppern geweckt. Da ich im selben Zimmer schlief
wie er, war er leider nicht der einzige, der vom Krach
eines Weltuntergangs geweckt wurde.

Daran erinnerte ich mich vor einigen Jahren auf einer
Reise nach Indonesien. Ich war noch nie in Asien
gewesen und mir war klar, dass alle Erfahrungen neu
für mich sein würden. Nach dem längsten Flug aller
Zeiten kam ich gegen 9 Uhr abends im Haus meiner
Freunde in Djakarta an und ging bald darauf zu Bett.
Trotz meiner Erschöpfung wachte ich um 4:30 Uhr
auf. Ich war desorientiert und durcheinander, wusste
nicht, wo ich mich befand und was los war. Ich hörte
eine laute klagende Stimme, die durch das Fenster meines Zimmers drang. Mein erster bewusster Gedanke
war: »Oh nein, man hat mir ja davon abgeraten, während der jetzigen Unruhen nach Djakarta zu kommen.« Irgendwann merkte ich, dass es die Stimme des
Muezzins in der Moschee am Ort war, der die gläubigen Muslime zum Gebet rief. »Schlaf,« rief er klagend,
»ist nicht so wichtig wie herzukommen und zum all-
mächtigen Gott zu beten.« – »Keine schlechte Idee,«
dachte ich, »aber muss es so früh am Morgen sein?«

Während der fünf Wochen, die ich in Djakarta verbrachte, gelang es mir, das, was ich zuerst für einen
Störfaktor gehalten hatte, der dazu gedacht war, das
Aufwachen unangenehm zu machen, in einen wichtigen Teil des Tages zu verwandeln. Der Muezzin forderte nicht nur seine treue muslimische Gemeinde,
sondern auch mich dazu auf, die richtigen Prioritäten
zu setzen. Mein Alltag verläuft ziemlich rasch und
aktiv; meine Tage und Abende sind mit Menschen
und Tätigkeiten angefüllt. Da ist es leicht, das Drin-
gende mit dem Wichtigen zu verwechseln. Es ist einfach, mich durch Arbeit ablenken zu lassen. Doch
wenn mein Leben geordnet verlaufen soll und ich
innere Ruhe erreichen will, muss ich lernen, still zu
sein, mir die Zeit zum Nachdenken und Beten zu
nehmen, es mir zur Priorität zu machen, die Welt
anzuhalten – und wenn auch nur für ein paar Minuten –, um zuzuhören und zu schauen.
Der Psalmist schrieb: »Schweigt und wisset, dass ich
Gott bin.« Ich vermute, mir wurde klar, dass hekti-
sche Aktivität der Feind jeden Bewusstseins über
Gott und friedlichen Lebens ist. Die Wichtigkeit,
eine richtige Perspektive zu bekommen und die richtigen Prioritäten zu setzen, wird bei den Herausforderungen des heutigen Lebens in der westlichen Welt
leicht vergessen. Und ich finde es immer noch komisch, dass mich ein Muezzin achttausend Meilen
von Zuhause entfernt daran erinnern musste, dass ich
jeden Tag aufs Neue Raum für Gottes Gegenwart
schaffen muss. Auch wenn ich mir wünsche, dass es
nicht ausgerechnet um 4:30 Uhr sein muss.

10 Gummizeit

Während meines Aufenthalts in Indonesien wohnte ich bei Freunden in deren Haus in Djakarta. Jeder Tag brachte mir neue Erfahrungen; manche waren faszinierend, andere waren bizarr. Nie zuvor war ich in einem Land oder einer Kultur gewesen, ohne die Sprache zu verstehen, und so fühlte ich mich sehr unsicher. Ich betrachtete meine Umwelt ständig durch neue Augen, nahm neue Sichtweisen auf und versuchte, in dem Ganzen einen Sinn zu erkennen. Eines Tages probierte ich in meinem stillen Kämmerchen etwas aus, was ich mich in der Öffentlichkeit nicht getraut hätte. Es wäre mir peinlich gewesen und sicher aufgefallen. Ich versuchte, auf meinen Fersen zu hocken. Ich wollte herausfinden, wie lange ich es in dieser Stellung aushalten würde.

Ich sehe ein, dass das wahrscheinlich ausreicht, um zu erkennen, dass ich nicht genug zu tun hatte oder ein bisschen öfter an die frische Luft hätte gehen sollen. Meine Kinder hätten mir geraten, mein Leben sinnvoll zu gestalten. Doch dieses Hockexperiment war nicht nur die Folge von zuviel Muße. Es war eher eine wissenschaftliche Untersuchung über die Eigenschaften von Zeit. Es war eine ernsthafte – wenn auch peinliche – Übung, doch ich merke schon, dass sie näherer Erklärung bedarf.

Eine der ersten Eigentümlichkeiten, die einem bei der Ankunft in Djakarta auffallen, sind die vielen Männer, die scheinbar einfach nur herumsitzen. Tag für Tag sitzen sie nur da, oft an derselben Stelle, und betrachten die Welt um sich herum. Das Erstaunliche daran ist, dass sie dabei meistens auf keinem Sitz sitzen. Sie hocken sich nur auf ihren Fersen, und da bleiben sie. Alle wirken sehr ausgeglichen; sie sitzen einfach nur da und beobachten das Leben, das an ihnen vorbeizieht. Manchmal warten sie auf einen

Bus oder darauf, dass es aufhört zu regnen. Manchmal unterhalten sie sich miteinander oder bedienen
einen Stand am Straßenrand und warten auf Kund-
schaft. Aber manchmal sitzen sie auch einfach nur da.
Ist das keine Zeitverschwendung – Zeit, die sie pro-
duktiver verbringen könnten?

Vor meiner Abreise nach Indonesien machte man
mich auf das dortige Konzept der »Gummizeit« auf-
merksam. Im Grunde bedeutet es genau das, wonach
es klingt: Dass Zeit flexibel ist. Wenn ich in England
an einer Besprechung teilnehme, erwarte ich, dass sie
zur festgelegten Uhrzeit beginnt und zur festgelegten
Uhrzeit zu Ende ist. Wenn eine Hochzeit um 12 Uhr
mittags anfangen soll, erwarte ich, dass die Braut
rechtzeitig eintrifft, so dass die Trauung pünktlich
beginnen kann und alle weiteren Festlichkeiten nach
Zeitplan ablaufen. Und vielleicht liegt der Schlüssel
zum Unterschied genau darin: Ich spreche von ›rechtzeitig‹, während Gummizeit etwas mit ›zur rechten
Zeit‹ zu tun hat. In Indonesien fängt das Ereignis
dann an, wenn die Leute sich versammelt haben. Es
ist die Anwesenheit der Menschen, die das Ereignis
diktiert, und nicht umgekehrt. Aus diesem Grund
gilt es als eine mehr als ausreichende Entschuldigung,
wenn man sich zu einem vorher arrangierten Ereignis verspätet hat oder sogar ganz weggeblieben ist,
weil man sich zum Beispiel um unerwartete Gäste
kümmern musste.

Vielleicht vergeuden diese Männer, die stundenlang
auf ihren Fersen hocken, also gar nicht ihre Zeit, sondern leben in ihr und erleben sie. Statt ihr Leben von
Besprechungen, Terminkalendern und Stundenplä-
nen diktieren zu lassen, leben sie in der Zeit, die sie
haben, und nicht für sie. Indem sie die Zeit oder die
Ausgeglichenheit haben, zu reflektieren und das
Treiben um sich herum zu betrachten, leben sie vielleicht tiefer als ich.

Natürlich ist mir klar, dass dies ein hoffnungslos romantischer Gedanke ist. Natürlich ist ›Gummizeit‹ und das damit einhergehende Potenzial an mangelnder Disziplin nervtötend und vielleicht ein Anzeichen für den Grund der damaligen katastrophalen Wirtschaftslage. Doch das sollte mich nicht davon abhalten, mich zu fragen, ob die Tatsache, dass dort die Menschen über dem Geldverdienen rangieren, uns gestressten und zeitbesessenen Westlern nicht zu denken geben sollte. Ich könnte auch darüber nachdenken, warum es in einer Kultur, die dem Anspruch auf sofortige Befriedigung wie Sklaven zu Füßen liegt, so schwer ist, auf Gott zu warten oder ihm zu dienen. Vielleicht sollte ich öfters innehalten und dadurch mein Leben sinnvoll gestalten – ein Leben der Tiefe und nicht nur ein Leben der hastigen Oberflächlichkeiten.

Übrigens hielt ich es nur vierzig Sekunden lang in der Hockstellung aus. Dann fingen meine Knie an zu knacken, und meine Fesseln taten weh.

11 Hochhäuser

Ich liebe es, mir Häuser anzusehen. Ich habe zwar keine Ahnung davon, wie man sie baut, aber ich sehe sie mir sehr gerne an. Doch die Vertrautheit unserer Umgebung kann uns – vor allem in Großstädten – leicht dazu verführen, dem Reichtum der Architektur, den wir täglich sehen, gegenüber blind zu werden. In London, wo ich wohne, gibt es viele herrliche Gebäude von sehr alt bis hochmodern, doch man übersieht sie leicht, während man sich durch die Menschenmassen und den Verkehr kämpft, um ans Ziel zu gelangen. Ich muss mich immer mal wieder daran erinnern, nach oben zu schauen, um sie wahrzunehmen.

Deswegen kann das Reisen so schön sein. Man reagiert automatisch sensibler auf eine neue Umgebung, vor allem an Orten, die man noch nie gesehen hat. Während meines Aufenthalts in Indonesien staunte ich über die grenzenlose Kreativität der Designs und Fantasie, die sich an vielen Hochhäusern in der Hauptstadt Djakarta zeigte. Das ist die Art von Gebäuden, vor denen Sie stundenlang sitzen können, um sie zu bestaunen, ohne sich zu langweilen. Und tatsächlich bekommen Sie stundenlang die Möglichkeit, genau das zu tun, während Sie in einem der endlosen Verkehrsstaus sitzen und sich nicht von der Stelle rühren.

Das Haus, in dem ich zu Gast war, war ein wunderschönes zweistöckiges Gebäude mit Marmorböden, geschnitzten Holzeinbauten, einem großen Swimmingpool und – himmlisch – Bananenbäumen. Es wirkte vollkommen ... bis ich mehrere Ritzen in den Böden und Wänden entdeckte. Man erzählte mir, dass das Haus nach einigen Jahren, in denen es nur wenig Regen gegeben hätte, und einem Monsun in diesem Jahr in Bewegung gekommen wäre. Als ein paar der rissigen Marmorplatten aufgedeckt wurden, stellte sich leider heraus, dass kein Fundament vorhanden war.

Nun konnte ich nicht umhin, mich zu fragen, wie es unter den Hochhäusern im Stadtzentrum aussieht, wenn schon die Wohnhäuser so gebaut sind? Bestehen auch sie nur aus Schein ohne Substanz? Es ist erstaunlich, wie schnell man unsicher wird, sobald man weiß, dass unter den Wänden, die einen umgeben, nichts ist. Ein wunderschöner Anblick hat keine Bedeutung, wenn die Erde sich bewegt und es kein Fundament gibt, das dem Druck standhält.

Es ist schon komisch, wie Gebäude zu Symbolen dessen, was in einer bestimmten Zeit in einer Kultur geschieht, werden können. Die riesigen Wolkenkratzer, die in Asien den Horizont beherrschen, sind Überreste des Wirtschaftsbooms von gestern. Sie protzen mit Geld und Macht. Runde Spiegeltürme aus blauem und schwarzem Glas strecken sich in die Höhe und reflektieren den Himmel und seine unbegrenzten Möglichkeiten. Glatte Gefüge aus rosa Backsteinen mit grünen Spitzen erheben sich quadratisch aus dem festen Boden. Sie wurden in den achtziger und neunziger Jahren des letzten Jahrhunderts entworfen und errichtet und strahlen freches Selbstvertrauen und spielerische Abenteuerlust aus.

Doch viele Dutzende dieser Gebäude stellen heute nur noch die leeren Hüllen bankrotter Banken dar. Sie wurden in den Jahren des Wirtschaftsbooms auf Selbstbewusstsein und Illusion erbaut; nun wirken die Türme nackt und von der Realität entblößt. Sie sind Wahrzeichen dessen, was passieren kann, wenn auf schlecht fundierte Systeme und häufig korrupte Gepflogenheiten gebaut wird. Sie konfrontieren Touristen und Einwohner mit der unausweichlichen Wahrheit, dass Bilder auf Dauer die Realität nicht verbergen können: Die Wahrheit kommt ans Tageslicht, egal wie lange wir sie verdrängen wollen.

Das erinnert an ein Gleichnis Jesu über einen weisen Mann, der sein Haus auf einem Fundament aus Stein gebaut hatte, und einem törichten Mann, der es so eilig hatte, alles sofort zu erreichen, dass er sein Haus auf Sand gebaut hatte, was letztendlich zum Desaster führte. Fundamente sind nun einmal weder sexy noch sichtbar. Doch sie sind wichtiger als das, was man auf ihnen errichtet. Oder, um es in John Lennons Worten zu sagen: »Doch eines kannst du nicht verstecken: Wenn du innerlich verkrüppelt bist«.

Ich glaube, wir sollten frei und freudig gegen eine Welt rebellieren, in der nur Bilder zählen. Wir sollten lernen, uns nur mit Tiefe und Realität abzugeben... und unser Fundament regelmäßig überprüfen. Fangen Sie schon mal an zu graben!

12 Das Licht am Ende des Tunnels

Ein Abstecher nach Israel-Palästina kann eine deprimierende Erfahrung sein. Die Qualen, die die ›Opfer‹ auf beiden Seiten des Konflikts einander zufügen, sind für die leidenden Empfänger unerträglich. Man braucht sich nur mit einer palästinensischen Familie zusammenzusetzen, deren Söhne von israelischen Soldaten erniedrigt wurden, oder die trauernden Schreie einer jüdischen Mutter hören, deren Tochter eines Morgens in den Schulbus eingestiegen und nie mehr ausgestiegen ist, um zu spüren, dass das qualvolle Leid kein Ende nimmt. Doch dann begegnet man einem dieser Leute, die einem das Gefühl vermitteln, sich in der Gegenwart eines besonderen Menschen zu befinden. Vor kurzem lernte ich auf einer Reise in den Nahen Osten jemanden kennen, der viel Mut bewiesen hat: den damaligen stellvertretenden Außenminister von Israel, Rabbi Michael Melchior.

Bei einer Zusammenkunft mit einer Gruppe von christlichen Glaubensvertretern in seinen Büroräumen in Jerusalem gab er eine leidenschaftliche und sehr menschliche Analyse der Tragödie ab, die sich im heutigen Israel abspielt. Auch ohne seiner Ansprache zuzustimmen, wurde ich von der bildhaften Sprache ergriffen, die er verwendete. Als er über die schockierende und schmerzhafte Situation sprach, in der sich die palästinensischen Muslime und die israelischen Juden befinden, sagte er zu den Versuchen, irgendeine Art von gerechtem Frieden herbeizuführen, zum Beispiel: »Wenn man am Ende des Tunnels kein Licht sieht, dann nicht deshalb, weil da kein Licht ist, sondern weil der Tunnel nicht gerade ist.«

Dieses ausdrucksstarke Bildnis beflügelte sofort meine Fantasie. Wenn die Dinge nicht gut laufen und es anscheinend keine Hoffnung gibt, gerät man immer in Versuchung zu glauben, das Licht sei nicht da und es gäbe nur die Dunkelheit. Dann verschließt sich die Zukunft und alles sieht hoffnungslos aus. Aus meiner Erfahrung mit Tausenden von Menschen, denen ich als Pfarrer in meinem Leben schon begegnet bin, weiß ich, dass dies keine Seltenheit ist. Die Geschichte der Menschheit ist voll von Schicksalen, in denen Menschen unvorstellbar und unschuldig leiden mussten und die den Sinn des Lebens ernsthaft in Frage stellten.

Doch es ist sicher wichtig zu erkennen, dass, wenn die Zukunft zu schwierig aussieht und kein Licht am Ende des Tunnels zu sehen ist, der Grund darin liegen könnte, dass der Tunnel selbst nicht gerade ist. Auch müssen wir lernen, einen längerfristigen Blick zu entwickeln und dadurch der Verlockung widerstehen, nur im Augenblick zu leben.

Die Erlebnisse der Menschen in der Bibel zeigen dies an jeder Wegbiegung ihres Lebens: Wenn Gott abwesend zu sein scheint und die Dunkelheit undurchdringlich aussieht, ist er häufig am stärksten anwesend. Egal, ob es das Volk Israel war, das auf das Ende seines Exils wartete, oder die Jünger, deren Welt bei der Kreuzigung Jesu am Freitag zusammenbrach, ohne zu ahnen, dass der Sonntag der Wiederauferstehung schon angebrochen war – die Menschen mussten lernen, zu warten und zu vertrauen.

Ein unbekannter Jude, der sich 1942 in Köln vor der Gestapo versteckte, schrieb an eine Kellerwand:

Ich glaube an die Sonne, auch wenn sich ihr Aufgang verspätet hat.
Ich glaube an die Liebe, auch wenn sie nicht hier ist.
Ich glaube an Gott, auch wenn er schweigt.

Oder wie es im Johannesevangelium geschrieben steht, strahlt das Licht in der Dunkelheit, und die Dunkelheit wird es nie auslöschen.

13 Die Würde der Verschiedenheit

Eine Tatsache des modernen Lebens ist wohl die, dass das Schmusekätzchen Ruhm und Glanz, das man so gerne streichelt, einen auch beißen kann, wenn es die Streicheleinheiten satt hat. Und auch wenn manche Menschen nur zu gern Kontroversen verursachen, so gibt es andere, die das zwar hassen, es aber aushalten müssen. Einer, der in der Öffentlichkeit steht, hat es sich mit seiner eigenen Gemeinde gründlich verdorben, als er ein Buch mit dem Titel: »Wie wir den Krieg der Kulturen noch vermeiden können« schrieb. Der Oberste Rabbiner Dr. Jonathan Sacks gab später zu einigen Passagen in seinem Buch Erklärungen ab, die von manchen als kritisch oder umstritten betrachtet wurden.

Doch es ist eher der Titel: »Die Würde der Verschiedenheit« (als der Inhalt) des Buchs, der meine Gedanken angeregt hat. Tatsächlich war das genau der Gedanke, der mir an einem Freitagabend vor ein paar Jahren in Jerusalem kam, als ich mit einer Gruppe von britischen christlichen Glaubensführern am jüdischen Sabbat die Klagemauer aufsuchte. Dies sollte eine ganz neue und aufwühlende Erfahrung für mich werden. Als immer mehr Menschen sich vor den altertümlichen Tempelmauern versammelten, bot sich ein immer chaotischeres Bild. Für Uneingeweihte sah es so aus, als würden Hunderte von Männern sich streiten, beten, tanzen oder auch nur miteinander unterhalten. Sie waren ganz unterschiedlich gekleidet, und jeder Kleidungsstil wies den Träger als Mitglied einer bestimmten jüdischen Kultur oder Verbindung aus.

Und genau das war der Punkt: Die unterschiedlichsten jüdischen Glaubensanhänger versammelten sich hier an diesem Ort, um ihren Gottesdienst abzuhalten. Sobald eine Gruppe von zehn Männern sich gebildet hatte, konnten sie mit der Andacht beginnen. Doch vor ihnen stand niemand, der ihnen sagte, wann sie für das nächste Lied aufstehen oder sich zum nächsten Gebet hinknien sollten. Stattdessen hielten die Menschen ihre Andachten ab, wenn sie bereit waren, und so, wie es ihnen gerade gefiel. Man konnte zusehen, wie moderne liberale Juden mit ihren orthodoxen Brüdern sangen und tanzten; andere beteten still, nickten mit den Köpfen und flüsterten die Worte ihrer Liturgie. Mit anderen Worten: Es gab nicht nur eine akzeptierte Form von Gottesdienst oder Kultur. Die Leute durften leise oder laut beten, still sitzen oder wild tanzen, singen oder schweigen. Doch welche Ausdrucksweise sie auch wählten – es blieb immer derselbe Gottesdienst, und ihre Andacht wurde von allen akzeptiert. Und all dies geschah am selben Ort zur selben Zeit.

Ich halte eine monochrome Einheitlichkeit für den Feind jeglicher Lebendigkeit, Farbe und Freude. Der Ort, an dem Gott ist und an den die unterschiedlichsten Menschen kommen, um ihn zu ehren, muss doch sicherlich voller Leben und Freude und der Würde der Verschiedenheit sein – ein Ort, an dem Menschen sie selber sein können und Gott auf ihre Art ehren können. Die mehrfache Botschaft der Bibel lautet, dass Gott Offenheit, Integrität und Ehrlichkeit des Herzens und des Geistes will. Und das bedeutet, unterschiedliche Formen des Lebensstils, des Geschmacks, der Kultur und Persönlichkeit zu respektieren. Meine Hände hochzuheben und zu tanzen ist in Gottes Augen seiner nicht würdiger oder ›heiliger‹ als mich still mit gesenktem Kopf hinzuknien.

Nach diesem Erlebnis kann ich nur sagen, dass christliche Glaubensführer wie ich von den Juden in Jerusalem eine Menge lernen können. Doch falls Sie nun neugierig geworden sind: An jenem Abend war

ich der stille Typ – denn meine Tanzverrenkungen
hätten den Gottesdienst jäh zum Stillstand und den
stärksten Heiligen zum Lachen gebracht.

14   Abseits der Rednerbühne

Ein berühmter Politiker griff einmal einen politischen Gegner an, indem er sagte, dass »greater love has no man than this, that he lay down his friends for his life« (Kein Mensch liebt mehr als der, der seine Freunde für sein Leben hingibt). Natürlich ist dies eine Parodie auf das, was Jesus kurz vor seinem Tod zu seinen Jüngern gesagt hat, doch es ist wohl auch eine korrekte Aussage darüber, wie sich viele Leute tatsächlich verhalten. Man braucht viel Mut, um diese politische Überzeugung abzulehnen und das Wertesystem zu verinnerlichen, das hinter der Aussage Jesu steht. Ich habe eine Geschichte, die das vielleicht verdeutlicht.

Im Nahen Osten gibt es Politiker, die mittlerweile zugeben, dass ihnen langsam die Ideen und die Hoffnung ausgehen. Doch wie kann es so in einem Friedensprozess Fortschritte geben, der mit jedem Mal, bei dem sich ein palästinensischer Jugendlicher in einem Bus selbst in die Luft sprengt oder ein israelischer Soldat einen unbewaffneten Zivilisten erschießt, brüchiger wird? Es scheint, als gäbe es jedes Mal, wenn eine der Seiten verletzt wird, nur die Antwort, die Seite zu verletzen, die den neuesten Schmerz verursacht hat. Dies führt zu einem endlosen Kreislauf von Gewalt und Hass, der keine Lösung zulässt. Jeder wird zum Opfer und deshalb braucht niemand die Verantwortung zu übernehmen, eine Lösung herbeizuführen und den Preis des Heilens zu bezahlen.

Doch nur wenige wissen von der Tätigkeit einer kleinen Gruppe von religiösen Glaubensführern unter der Leitung des Erzbischofs von Canterbury. Die Schlüsselfigur in dem so genannten »Alexandria-Prozess« ist ein anglikanischer Priester namens Canon Andrew White, der Direktor des Zentrums für

Internationale Versöhnung in der Kathedrale von Coventry. Dieser Prozess bringt jüdische Rabbiner, muslimische Scheichs und christliche Pfarrer zusammen, um sich über eine Möglichkeit der Versöhnung auszutauschen, bei der es keine billigen Konflikt-lösungen und keinen oberflächlichen Frieden gibt – vor allem, wenn Friede nur als die Abwesenheit von Konflikt angesehen wird. Diese mutigen Menschen schaffen es, sich wie Brüder zu umarmen, weil man ihnen einen Raum außerhalb der politischen Arena geschaffen hat, in dem sie Menschen sein dürfen. Hier können sie eine andere Sprache sprechen und vom Standpunkt eines gemeinsamen Menschseins ausgehen.

Die politische Diskussion hingegen wird von der Verteidigung und Propagierung von Rechten domi-niert. Wenn man die Zutaten religiöser Glaube, eth-nische Identität und Volksgeschichte hinzufügt, erhält man politische Anführer, die Religion als Ursache des Problems statt als Lösungsansatz anse-hen. Anscheinend bekommt Religion nur dann eine Bedeutung, wenn die politische Diskussion überflüs-sig wird – und erst dann wird Worten wie »Verge-bung« und »Versöhnung« ein Wert zugesprochen.

Die Arbeit von Andrew White und seinen Kollegen hat eindeutig die Chance einer neuen Hoffnung und einer neuen Art, miteinander umzugehen, geschaf-fen. Politikern, die in dem ewigen Kreislauf von Rechten und Rache gefangen sind, wird hier ein sicherer Ort geboten, eine Begegnung der dritten Art, eine neue Sprache der Hoffnung. Und um an unseren Ausgangspunkt zurückzukehren: Sie wur-zelt in der Aussage des Zimmermanns aus Nazareth, der lieber sein Leben für seine Freunde opferte, als weiterhin das Blut der Kinder anderer zu opfern.

AUF DER REISE

15 Weiterziehen

Eines der stressigsten Dinge im Leben sind Umzüge. Im Spätsommer vor ein paar Jahren, als die meisten anderen Leute dem Ende des Urlaubs entgegensahen, war ich alles andere als entspannt. Die Reisesaison war vorbei, die Sonnenbräune fing an zu verblassen, und der Herbst stand vor der Tür. Die Kinder bereiteten sich auf das neue Schuljahr und die Geschäfte auf das Ende des Sommerlochs vor. Bald würde die Alltagsroutine – ohne Unterbrechung durch die Sommerferien – wieder einsetzen.

Aber nicht in unserem Haus! Wir waren vor kurzem aus einem Dorf in Leicestershire in die Vorstadtidylle von Streatham in Süd-London gezogen. Für uns begann nun eine neue Reise. Und die Weisheit, dass ›das Leben niemals stillsteht‹, zeigte sich wieder einmal erbarmungslos. Nachdem wir uns von all dem hatten verabschieden müssen, was uns seit fast einem Jahrzehnt so vertraut geworden war, mussten wir nun ein neues Leben an einem neuen Ort mit neuen Menschen, neuen Herausforderungen und neuen Chancen anfangen.

Ich müsste lügen, wenn ich sagen würde, dass unsere Familie das ohne jegliche Erschütterungen überstanden hätte. Die unbekannte Zukunft wirkt immer verführerisch und bedrohlich zugleich. Doch die Vorstellung, dass das Leben eine Reise ist, kann in einer

Zeit starker Veränderungen und Unruhen hilfreich sein.

Unser Umzug von Leicestershire bedeutete auch, einige Dinge zurückzulassen. Die Umzugsfirma packte zwar all unseren Hausrat ein, doch sie ließen die Steine und den Mörtel, die Erde und den Rasen zurück. Wir konnten nicht alles in unser neues Leben in London mitnehmen. Selbst Dinge, die unser Leben in der Vergangenheit beglückt oder gestört hatten, mussten der Vergangenheit überlassen werden. Dies konfrontierte uns mit ernsthaften Fragen über das, was wirklich wichtig ist, mit wie wenig Gepäck wir durchs Leben reisen können, worin das Gleichgewicht zwischen dem Wert von Objekten und dem Wert von Beziehungen besteht.

Diese Erfahrung mussten auch viele Personen in der Bibel machen. Ihre Berufung war nicht immer eine willkommene oder bequeme Angelegenheit. Abraham wurde aufgefordert, sein Haus zu verlassen und zu einer Reise an ein unbekanntes Ziel aufzubrechen. Jesus forderte Petrus und andere aktive Männer und Frauen auf, sich ihm anzuschließen und die vertrauten Dinge zurückzulassen, die ihr Leben formten und sinnvoll machten. Tatsache war, dass sie nur auf diese Weise frei waren, um die neuen Geschenke anzunehmen, die vor ihnen lagen. Das einzige Versprechen und die einzige Garantie, die sie erhielten, war, dass Gott sie nie verlassen würde, dass er bis zum Schluss bei ihnen bleiben würde, egal was sie auf ihrer Reise noch alles erwartete.

Doch Sie müssen weder in ein neues Haus noch in eine neue Stadt ziehen, um diese Fragen anzugehen. Gottes Aufforderung an uns war immer – und wird wohl auch immer sein –, einige Dinge, die wir erlebt haben, die wir bedauern oder an die wir uns erinnern, zurückzulassen – selbst die schönen Dinge –, weiter zu ziehen und uns, Gott und die Welt neu zu erleben und zu begreifen. Wir reisen mit Versprechen und Hoffnung im Gepäck. Und jede Reise ist einmalig.

Nachdem ich meine ersten Erfahrungen mit dem Verkehr in London gemacht habe, vermute ich, dass noch weitere Gedanken über Reisen folgen könnten.

16   *Mit leichtem Gepäck reisen*

Meine Kinder haben meinen Musikgeschmack gründlich satt. Zugegeben – mittlerweile gelte ich bei ihnen schon ganz offiziell als Fossil. Jede einzige Kassette in meinem Auto ist vom selben Sänger. Zuhause höre ich meistens seine CDs. Ich lese seine Songtexte, als wären es Gedichte, und höre mir immer wieder sein unglaublich schönes Gitarrenspiel an. Ich bin ein Fan von Bruce Cockburn, und ich bin stolz darauf!

Bei meinem nächsten Geständnis muss ich jedoch sehr vorsichtig sein. Wenn meine Kinder das zu hören kriegen, werden sie sich wahrscheinlich von mir scheiden lassen, deshalb schreibe ich es ganz leise: Vor zwanzig Jahren hat ein Lied von Cliff Richard mich stark beeinflusst. Ich weiß ja, wie peinlich das ist, aber es ist trotzdem wahr. Eigentlich war es nur eine Single, die Neuaufnahme eines Songs, den er schon Jahre davor herausgebracht hatte. Das Lied heißt: »Travelling Light« (Mit leichtem Gepäck reisen). Ich weiß nicht einmal mehr, worum es in dem Lied ging, doch der Titel blieb meiner Frau und mir im Gedächtnis.

Damals hatten Linda und ich gerade geheiratet, waren im Begriff, ein kleines Häuschen zu kaufen, und Linda erwartete unser erstes Kind. Ich war als Sprachdozent tätig und sie arbeitete als Krankenschwester. Wir hatten absolut kein Geld. Als wir Zukunftspläne machten und überlegten, was wir mit unserem Leben anfangen sollten, machten wir uns Gedanken über die Frage von Werten und Eigentum. Wenn man nur wenig hat, ist es sehr einfach, Eigentum philosophisch zu hinterfragen. Doch schon damals schworen wir uns etwas, was wir heute noch, nach fast zwanzig Jahren, einzuhalten versuchen. Wir schworen uns, nur mit leichtem Gepäck zu reisen und nie so an Gegenständen zu hängen, dass wir sie nicht mehr loslassen könnten. Der Song: »Mit leichtem Gepäck reisen« von Cliff Richard ging uns nicht mehr aus dem Sinn.

Wie es im Alten Testament steht, »behalten hat seine Zeit, wegwerfen hat seine Zeit«.Vielleicht kommt der Zeitpunkt, an dem wir loslassen sollten, genau dann, wenn wir zu sehr an etwas hängen, das in unserem Leben zuviel Bedeutung einnimmt – möglicherweise etwas, das uns wichtiger ist als andere Menschen.

Jesus hat gesagt, es sei leichter, einen Rolls Royce durch eine Drehtür zu kriegen, als einen Reichen in den Himmel zu bekommen ... oder so was Ähnliches. Vielleicht waren die Menschen seiner Zeit nicht anders als wir, vielleicht hängten sie ihr Herz nur an andere Dinge. Doch unsere Konsumgesellschaft kann uns sehr leicht verführen und unsere Werte und Beziehungen verfälschen. Sind wir wirklich zum Shopping geboren? Descartes hat gesagt: »Cogito ergo sum« (Ich denke, also bin ich), doch wir sagen »Tesco ergo sum» (Ich kaufe, also bin ich). Um eine Gesellschaft, die zwar das Shoppen gelernt, doch das Spielen vergessen hat, muss man sich Sorgen machen. Und es gibt etwas zutiefst Beunruhigendes an einer Kultur, die Einkaufskathedralen baut und sich dann wundert, warum alles nach Plastik riecht.

Ich glaube, ich bleibe lieber dabei, mit leichtem Gepäck zu reisen und eine klare Perspektive zu bewahren. Und erzählen Sie das über Cliff Richard bloß nicht meinen Kindern.

17 Pilgerväter

Als ich einundzwanzig war, musste ich aus gesundheitlichen Gründen meine Arbeit in Paris beenden und zurückkehren. Auch wenn das schon schlimm genug war, so hat sich die Reise an sich tief in mein Gedächtnis eingebrannt. Bei unserer Ankunft in Boulogne herrschte ein solches Unwetter, dass die Personenfähre den Kanal nicht überqueren konnte und wir stattdessen auf eine große, leere Güterfähre geschickt wurden. Statt der üblichen einstündigen Überfahrt dauerte es vier Stunden, bis wir England erreicht hatten. Ich möchte Ihnen die Details der Reise ersparen, denn sie waren nicht angenehm und könnten dazu führen, dass Sie nicht zu Ende lesen. Schließlich hoffe ich, Sie zu inspirieren, statt Sie aufs Klo zu schicken. Möge der Hinweis ausreichen, dass wir, die Passagiere auf jener Fähre, nicht aufs Klo zu rennen brauchten – stattdessen schien das Klo immer wieder zu uns zu kommen! Also gut – das reicht. Sie können es sich sicher lebhaft vorstellen …

Als ich später aus dem Krankenhaus entlassen wurde und wieder fit genug war zu reisen, besuchte ich meine damalige Verlobte (die heute meine Frau ist), die damals auf der Halbinsel Wirral lebte. Ich ging also von meinem Haus in Liverpool an den Pier und bestieg die Fähre am Mersey-Fluss. Der Fluss floss ruhig dahin, die Sonne schien und die Welt war in Ordnung. Beinahe. Denn sobald ich an Bord war und auf dem oberen Deck saß, bemerkte ich das sanfte Schaukeln des Schiffs und das leichte Summen der Schiffsmotoren. Und ganz unerwartet und unerwünscht wurde ich an die Kanalüberfahrt erinnert. Mit Müh und Not erreichte ich ohne üble Zwischenfälle Birkenhead.

Daran wurde ich wieder erinnert, als ich vor kurzem über den Aufbruch der Pilgerväter von Plymouth in die Neue Welt las. Sie wussten zwar, was sie zurücklassen würden, doch sie ahnten kaum, was sie auf dem weiten Meer erwartete. Ihr Schiff war ziemlich klein und wacklig, doch sie brachen trotzdem auf, denn sie hatten die Vision eines anderen Lebens in einem anderen Land. Ich will mir nicht vorstellen, wie beschwerlich ihre Reise gewesen sein muss. Ich weiß nur, dass ich sie nicht überlebt hätte.

Was mich an den Pilgervätern beeindruckt, ist ganz einfach die Tatsache, dass sie die Vision einer anderen Welt hatten. Sie waren bereit, ihre vertraute Welt zurückzulassen, um diese Vision umzusetzen. Dies kostete sie alles, was sie hatten, aber dennoch zogen sie den Anker ein und segelten los. Die Bedrohung des Unbekannten hielt sie nicht davon zurück, alles hinter sich zu lassen; das Versprechen der unbekannten Möglichkeiten veranlasste sie, alles zu riskieren. Auch wenn ihre Reise eine unsichere Angelegenheit war, so hielt sie das doch nicht davon ab, die Segel zu setzen und aufzubrechen.

So überrascht es nicht, dass diese Reise ein starkes Bildnis dessen ist, wozu Gott sein Menschenvolk schon immer aufgerufen hat: das Vertraute und Bequeme zurückzulassen, sich auf eine Reise voller Bedrohungen und Versprechen einzulassen, und für die Umsetzung der Vision von einer Welt, die von ihrem Schöpfer geliebt wird, alles zu riskieren. Jesus von Nazareth, der wahrlich kein Romantiker war, folgte Gottes Ruf, indem er andere aufforderte, ihm bis ans Ende ihrer Welt zu folgen, und gab nur das eine Versprechen, sie niemals zu verlassen, selbst wenn ihre Reise in Tränen enden würde und dass sie beim Aufbruch, während der Reise und vielleicht auch am Ziel erkennen würden, dass Gott ihnen treu ist und sie liebt – sogar noch über den Tod hinaus.

Dem schließe ich mich an. Aber versuchen Sie ja nicht, mich je zu überreden, noch einmal eine Kanalfähre im Winter zu betreten.

18 Muttersprachen

Was antworten Sie, wenn ich Sie frage, wer Sie sind?
Dies ist zwar keine unsinnige Frage, doch sie ist auch
nicht so leicht zu beantworten, wie es zuerst erscheint. Sie könnten mir nur Ihren Namen nennen
oder mir sogar Ihre Lebensgeschichte erzählen. Sie
könnten mir über Ihre Familie berichten und die
Dinge, die Sie dazu bewegen, Ihr Leben auf Ihre Art
zu leben. Sie könnten mir Vieles erzählen – und
trotzdem wäre ich nicht sicher, wer Sie sind.
Unsere Identität ist wichtig. Und wenn wir bedroht
oder angegriffen werden, wird sie sogar lebenswichtig.
Ende der neunziger Jahre des letzten Jahrhunderts
ging die Gewalt in Indonesien nach zweiunddreißig
Jahren unter der korrupten Herrschaft von General
Suharto und seiner Familie zwar zu Ende, doch die
Hauptleidtragende dieser Explosion aus Frust und
Wut war die chinesische Minderheit. Ihre Häuser
und Geschäfte wurden erbarmungslos geplündert
und zerstört. Ihre Männer wurden in Massen ermordet. Ihre Frauen wurden vergewaltigt und geschla-
gen. Selbst einige der Beteiligten waren über diese
Gräueltaten schockiert, bei denen ansonsten friedli-
che Indonesier sich über Nacht in rassistische Mörder verwandelten. Doch Chinese zu sein hieß, in Isolation, Angst und Erniedrigung zu leben.
Seit den sechziger Jahren (des letzten Jahrhunderts)
hatte die chinesische Gemeinde kreative Wege gefunden, ihre Identität als Chinesen zu bewahren, ohne
dabei ein Ghetto zu schaffen. Und trotz aller Er-
schwernisse versuchten sie, ihre Muttersprache zu
bewahren. Indem sie – trotz aller Schwierigkeiten,
die sie dadurch bekamen – ihre Muttersprache an-
wendeten, konnten sie die Mythen und Erzählungen
ihres Volks überliefern, ihre Wurzeln am Leben

erhalten und ihre Einzigartigkeit bewahren. Und all das hält sie nicht davon ab, auch Indonesier zu sein und ›der Stadt Bestes zu suchen‹, wie es der Prophet Jeremias im Alten Testament ausdrückt.

Sie sind nicht das erste Volk, das unter starker Bedrohung durch andere mit der Frage der eigenen Identität konfrontiert worden ist. Schon im Alten Testament entwickelten die Juden gesetzliche und religiöse Mechanismen und Tabus, um ihr Volk rein zu halten. Sie bemühten sich, dafür zu sorgen, dass zukünftige Generationen niemals vergessen würden, wer sie sind, wie ihre Geschichte verläuft und aus welchem Fels sie gemeißelt wurden. Tatsächlich konnten sie nur in der Gegenwart leben, weil sie wussten, woher sie gekommen waren. Dieses Wissen ist etwas, wofür sie in späteren Generationen teuer bezahlen mussten. Der Holocaust ist nur ein Beispiel dafür. Das palästinensische Volk kämpfte und kämpft weiterhin einen ähnlichen Kampf: um seine Identität als Volk, während ihm die Menschenwürde, der Lebensraum und seine Geschichte vorenthalten wird.

Weder der Verstand noch die Fantasie müssen einen allzu großen Sprung machen, um zu erkennen, dass diese Beispiele nur Bildnisse dessen sind, was es für uns alle bedeutet, zu überleben und zu gedeihen. Natürlich sind das Volk und die Muttersprache nicht das Einzige, das jemandem seine Identität gibt. Doch sie helfen uns zu erkennen, dass es ganz wichtig ist zu wissen, wer wir sind. Der Schriftsteller Laurens van der Post sagte einmal, wenn man keine Geschichte zu erzählen hat, hat man auch kein Leben zu leben. In der westlichen Welt haben wir uns schon so daran gewöhnt, im Hier und Jetzt zu leben und hastig Schätze für unsere Zukunft anzuhäufen, dass wir den Sinn für unsere Identität verloren haben, die in unserer Vergangenheit wurzelt. Geschichten zu erfahren und zu verwerten braucht Zeit – doch vielleicht gibt es keine Aufgabe, die für uns wichtiger wäre als diese. Wenn wir vergessen, wer wir sind, und uns nur noch über die Dinge definieren, die uns von anderen unterscheiden, können wir uns keine klare und zusammenhängende Zukunft vorstellen.

Gott hat das Volk Israel nicht umsonst ermahnt, niemals zu vergessen, was sie ursprünglich waren: Wandervölker, die sich zu einer Nation zusammengeschlossen hatten und von Gott aus ihrer Unterdrückung in Ägypten befreit, durch die Wüste begleitet und in ein Land gebracht worden waren, in dem sie in eigener Verantwortung leben und gedeihen konnten. Als Jesus das Brot und den Wein teilte, sagte er seinen Freunden, sie sollten dies gemeinsam tun und seiner gedenken. Die Wiederholung seiner Handlung würde immer Opfer, Liebe und göttliche Gnade bedeuten. Und wenn es um die Wiedergutmachung von Gewalt geht, könnte dies sogar Lebenssinn und Hoffnung für die Leidtragenden bringen und Einfluss darauf haben, wie sie wiederum andere behandeln.

Wer sind Sie also?

19   Auf der Wanderung

Ich gebe es zwar nur sehr ungern zu, doch ich bin ein Faulpelz. Mir ist klar, dass dies ein relativer Begriff ist, aber wenn ich die Wahl habe, entweder zu Hause zu bleiben und ein Buch zu lesen, während im Hintergrund sanfte Musik spielt, oder eine Runde spazieren zu gehen, weiß ich genau, was ich bevorzuge. Wandern ist für mich eine Frage der Selbstbestimmung. Natürlich macht es mir Spaß, im Urlaub auf Berge zu klettern und durch das Moorgebiet zu wandern, doch ich kann mir selbst aussuchen, wann und mit wem ich wandern gehe, wie weit ich laufe, und ich kann meinen Entschluss jederzeit ändern und wieder nach Hause gehen. Doch für Millionen von Menschen auf der Erde ist das Wandern etwas, wozu sie von Geburt an verdammt sind.

Eines der erschütternsten und immer wiederkehrenden Bilder, mit denen wir im letzten Jahrzehnt im Fernsehen konfrontiert worden sind, ist der lange Wanderzug verzweifelter Flüchtlinge, die dem Hungertod oder einem Krieg entfliehen. Millionen von Menschen auf der Wanderung von jenem Ort, der ihr Zuhause war, hin zu einem unbekannten Ziel und unerwünschten Schicksal. Namenlos und ungewollt wandern sie über die Erde auf der Suche nach einem Ort, den sie Heimat nennen könnten, der ihnen Schutz bieten und sie willkommen heißen könnte, der ihnen die Sicherheit und Wärme der Gesellschaft gewähren könnte. Und selbst wenn Flüchtlinge zu einem entmenschlichten Prüfstein geworden sind, an dem die im Luxus lebenden westlichen Politiker beweisen können, wie ›stark‹ sie sind, kann nichts die Macht der Bilder zerstören, die wir mit eigenen Augen gesehen haben. Eines Tages könnten auch Sie und ich darunter sein.

Gläubige Menschen – vor allem Christen wie ich – sollten an der Spitze stehen, wenn es darum geht, Verständnis für die Not der Flüchtlinge aufzubringen. Das früheste jüdische Glaubensbekenntnis im Alten Testament beginnt mit: »Ein umherziehender Aramäer war mein Vater …« Abraham wurde von Gott aufgerufen, seine Sachen zu packen, den Ort zu verlassen, an dem er sich niedergelassen hatte, und sich auf eine Reise an ein unbekanntes Ziel zu begeben. Moses wurde aufgefordert, das Volk Israel aus der Sklaverei in vierzig heimatlosen Jahren durch die Wüste zu führen. Das Volk Gottes war schon immer auf der Wanderung und aufgerufen, ›mit leichtem Gepäck zu reisen‹ und nicht an ›Dingen‹ festzuhalten. Die Menschen erhalten den Wink vom Schicksal, mit einer einzigen Sicherheit zu leben und in eine unbekannte Zukunft zu wandern: Nämlich, dass der Gott, der sie ruft, sie auf ihrer Reise nicht im Stich lassen wird.

Natürlich bedeutet eine Reise, einige Dinge zurückzulassen und sich mit anderen zusammenzutun – oftmals mit Menschen, die wir uns nicht ausgesucht hätten. Doch wenn Gott sein Volk dazu aufruft, mobil zu werden, Reisende, Flüchtlinge, Heimatlose in dieser Welt zu werden und die ganze Welt als ihre Heimat anzusehen, dann sollten dieselben Menschen auch die ersten sein, die den wahren Preis für die Flüchtlinge und Asylsuchenden dieser Welt erkennen.

Sicher ist es für die christlichen Kirchen, die die Not der Flüchtlinge erkennen und die Einrichtungen unterstützen, die das Leid zu mildern versuchen, an der Zeit, sich näher anzusehen, mit welch leichtem Gepäck diese Menschen durch die Welt reisen, und wie sehr sich die Priorität, die Gott den Armen, Heimatlosen und Ungeliebten gesetzt hat, in ihrem

Leben und ihren Kulturen spiegelt. Oder – um das Bild noch einmal anders zu zeichnen – sich zu fragen, ob wir, während wir Jesus folgen, robuste Wanderstiefel oder seidene Pantoffeln tragen.

20 Die Kreditwartekarte

Ich habe den Beschluss gefasst, etwas zu erfinden, was das Leben von Millionen von Menschen auf revolutionäre Weise verändern wird. Wie alle großen Erfindungen kam mir auch diese durch reine Inspiration in den Sinn, und wie alle großen Erfindungen liegt ihre Stärke in der Einfachheit. Ich nenne sie die Kreditwartekarte.

Im Grunde funktioniert sie wie eine Kreditkarte, doch sie hält Sie davon ab, etwas sofort zu kaufen, und bringt Sie dazu zu warten. Während der Wartezeit werden Sie wahrscheinlich sowieso beschließen, dass Sie das, was Sie kaufen wollten, gar nicht brauchen. Der Werbeslogan ist clever und für alle leicht verständlich: »Die Kreditwartekarte – Aus wollen wird warten!« Das dürfte die Banken und Kreditinstitute auf die Palme bringen!

Jedes Kind würde im Alter von fünf Jahren eine solche Karte bekommen und könnte (sogar über seine Eltern) ohne die Karte nichts kaufen. Und mit dieser einfachen, doch wirksamen Methode würden wir einer ganzen Generation Werte und Prioritäten und Zeit nahe bringen. Auf diese Weise würden wir der Kultur der Konsumgier und Sofortbefriedigung einen mächtigen Schlag versetzen.

Doch unseren Kindern wird die Erfahrung zu warten nicht leichter fallen als uns selbst. (Erst neulich hat sich ein Akademiker bei mir darüber beklagt, dass sogar seine Universitätsmitarbeiter nicht wirklich verstehen, dass er, wenn er in seinem Arbeitszimmer sitzt und ein Buch liest, nicht einfach nur seine Zeit mit Nichtstun verschwendet!) In der schönen neuen Welt der modernen Kommunikationsmittel werden wir mit Sofortnachrichten aus aller Welt und sogar dem Universum bombardiert. Die Werbung verlockt, verführt und zwingt uns, etwas zu wollen und es jetzt zu wollen. Im Alter des Internets laufen wir Gefahr, Information mit Wissen oder – noch schlimmer – mit Weisheit zu verwechseln.

Doch es steckt Weisheit im Lernen, wie man wartet. Als das Volk Israel aus dem Exil und der Sklaverei in Ägypten befreit wurde, wanderte es vierzig Jahre lang durch die Wüste. Und laut dem asiatischen Theologen Kosuke Koyama musste es während dieser Zeit eine wichtige Lektion lernen: dass Menschen sich nicht allein vom Brot ernähren können, sondern auch das Wort Gottes brauchen. Anders ausgedrückt: Wir sind nicht nur Materialisten und Konsumenten – selbst wenn die Werbefritzen uns dafür halten. Stellen Sie sich vor: Vierzig Jahre, um eine Lektion zu lernen!

Als ich die Schulklassen aus dem Ort in der alten Kirche herumführte, in der ich Pfarrer war, hatten sie es immer eilig. Wie alle Kinder wollten sie nichts versäumen und versuchten, die gesamte Führung so schnell wie möglich zu erleben – das ist ungefähr so, als wollte man versuchen, Kunstgeschichte zu verstehen, indem man durch den Louvre hetzt. Vielleicht haben sie die Bedeutung des sächsischen Kreuzes aus dem 9. Jahrhundert nicht begriffen. Oder die des Taufstein, der während der Herrschaft Wilhelm des Eroberers gemeißelt wurde. Oder die signierte Liste der Pfarrer von Rothley, die bis ins Jahr 1277 zurückgeht. Oder die erschütternde Gedenkschrift aus der Zeit Königin Elizabeths der Ersten, die ein junger Ehemanns seiner verstorbenen Frau widmete – sie starb im Alter von zweiunddreißig während der Geburt ihres zwölften Kindes (nachdem sie schon mehrere ihrer Kinder hatte begraben müssen).

Manche Dinge im Leben lassen sich nur lernen, indem man sich die Zeit nimmt und wartet, bis man sie versteht. Gibt es da draußen nun jemanden, der bereit ist, meine Kreditwartekarte zu benutzen?

71

21   Ist Gott mit Hobbys zugepackt?

Ich kenne einen liebenswürdigen älteren Herrn, der mittlerweile Mitte Neunzig ist und dessen Frau einmal von ihm gesagt hat, er sei ›mit Hobbys zugepackt‹. Er heiratete sie erst spät im Leben, und sie wurde von der großen Anzahl seiner Interessen überwältigt. Er ist ein ›Freund‹ zahlreicher englischer Kathedralen, liebt Wappenkunde und Wasserzeichen und zeigte mir einmal seine Auflistung der ältesten Anwaltskanzleien in Leicestershire. Ich habe ihn bei verschiedenen Anlässen zu Kathedralen und Abteien mitgenommen. Für ihn waren dies interessante Ausflüge; für mich hingegen waren es lehrreiche Erfahrungen. Außer für Sport und Popmusik scheint er sich für alles zu interessieren. Er ist grenzenlos neugierig auf die Welt. Sein Name ist Ralph.

Doch in gewisser Weise könnte sein Name auch Gott sein. Wenn Sie die Schöpfungsgeschichte am Anfang der Bibel lesen oder hören, so klingt sie, als hätte Gott sich beim Erschaffen von Vielfalt und Mannigfaltigkeit regelrecht überschlagen. Es gibt Dschungel und Wüsten, Eisblumen und Gebirge. Die Bäume wetteifern miteinander, wer der größte und prächtigste ist, während die Blumen herrliche Collagen aus Farben malen – oft an Orten, an denen nur wenig Leben herrscht. Es gibt Sonnenschein und Regen, Nebel und Schnee, Ozeane und Pfützen. Und alles hat seinen Platz und seinen Zweck … außer den Wespen. Und manche Dinge scheinen nur zum Spaß erschaffen worden sein. Wenn ich die Schöpfungsgeschichte im 1. Buch Mose lese, höre ich Gottes Lachen und seine Freude bei der Erschaffung einer Welt, die lebendig ist und sich auf wundersame Weise weiterentwickelt, ja, die sich in gewisser Weise selbst erschafft.

Irgendetwas muss schief gegangen sein. Ich kenne nur wenige Leute, die die Schöpfungsgeschichte als lustig oder voller Spaß erachten. Und das halte ich für tragisch. Die Schöpfung ist die Arbeit eines Gottes, der sie durch Liebe und Lachen ins Leben ruft. Er betrachtet jedes Stadium seiner künstlerischen Erschaffung und sagt: »Das ist toll!« Man kann ihn beinahe über das Spielerische seiner eigenen Ideen lachen hören. Es wirkt so, als würde er seine Schöpfung so sehr lieben, dass er immer noch ein bisschen mehr hinzufügt. Da er zum Beispiel die Menschheit erschaffen hat, hält er es für eine gute Idee, einen Schritt zurückzutreten und es Adam zu überlassen, den Tieren Namen zu geben. »Das sollst du machen,« sagt er, »und ich hoffe, du hast Spaß daran! Denn wenn dein ganzer Wortschatz an Namen aufgebraucht ist, wird ein weiteres kleines Kriechtier auftauchen, und dann musst du deine Fantasie noch mehr bemühen!«

Gott zeigt sich so verspielt kreativ und neugierig, dass Ralphs Frau genauso gut hätte sagen können, dass auch er mit Hobbys zugepackt sei. Interessiert an der Schöpfung zu sein bedeutet, ihre Vielfalt zu genießen und an Gottes kreativem Spaß teilzuhaben. Es bedeutet, die Welt, uns selbst und Gott durch eine andere Linse zu sehen. Und es bedeutet, sich von der grenzenlosen Verspieltheit des Schöpfers anstecken zu lassen. Wenn wir wirklich alle Ebenbilder Gottes sind, dann sollten wir lieber einige seiner Eigenschaften zeigen.

Doch wenn Ralph je zu hören kriegt, dass Sie an Anwaltskanzleien in Leicestershire interessiert sind, dann sollten Sie sich auf einen sehr langen Vortrag einstellen!

LEBENSPHASEN

22   *Das Potenzial, das in einem Baby steckt*

Sie dürfen jetzt Ihre Taschentücher zücken – der folgende Beitrag drückt auf die Tränendrüse.
Ich habe drei Kinder, die nun fünfzehn, neunzehn und einundzwanzig sind. Ich war bei jeder Entbindung dabei und gebe schamlos zu, bei ihrer Geburt eimerweise Tränen vergossen zu haben. Jedes von ihnen war so ganz anders, so einmalig, so verschmiert. Und was für gut entwickelte Lungen sie hatten! Als mein jüngster Sohn in einem Krankenhaus in Kendal geboren wurde, verfasste ich die folgenden Zeilen:

Gott,
Schöpfer des Lebens,
Erneuerer des Lebens,
Retter des Lebens:
Wie schön du uns erschaffen hast –
wie lebendige Liebe.
Dein Ebenbild, so leicht zu zerstören
und dennoch unmöglich zu löschen.
Und in einem winzigen rosa Gesicht
mit greifenden Händen und suchenden Augen
ergießt sich das Licht auf eine ahnungslose Welt
und bringt unbeschreibliche Freude.
Das Wunder bringt mich zum Weinen.
Das Versprechen bringt mich zum Lachen.
Es lässt Sehnsucht nach dem Himmelreich entstehen.

Heute ist mir klar, dass ich kein Dichter bin. Doch das reine und fantastische Wunder eines winzigen Bündels aus menschlichem Fleisch und Seele, das ich in meinen eigenen Händen hielt, war zu erschütternd, um es nicht irgendwie in Worte fassen zu müssen.

In diesem einzigartigen Augenblick, in dem mir die Einzigartigkeit des Lebens klar wurde, das aus der Gebärmutter genommen wurde und in meine Hände gelegt wurde – in diesem Augenblick empfand ich Demut, Dankbarkeit und Staunen. Doch ich hatte auch Angst. Die Zukunft des Kindes ist offen, und ich kann sie nicht lenken. Es wird heranwachsen, lachen und weinen, sich die Knie aufschürfen und sich schmutzig machen. Es wird anfangen, Fragen zu stellen und sich eigene Meinungen zu bilden. Ich kann ihm den Schmerz auf der Reise durchs Leben nicht ersparen, und auch nicht die Qualen unerwiderter oder verlorener Liebe, den Verlust dessen, was hätte sein können, wenn Chancen anders wahrgenommen worden wären.

Und ich frage mich, was Hitlers Eltern wohl gedacht haben, als sie in die suchenden Augen ihres Sohnes geblickt und über das Wunder geweint haben? Oder welche Hoffnungen man für das Bauernmädchen bei seiner Geburt hatte, aus dem Mutter Teresa aus Kalkutta geworden ist? Wie wir aus den Evangelien erfahren, brachte die Mutter Maria ihr Baby nach Jerusalem in den Tempel und wurde dort nur von einem alten Mann angesprochen, der ihr sagte, dass dieses harmlose Kind ihr eines Tages das Herz brechen würde. Hat Maria, nachdem sie das gehört hatte, jemals in seine Augen und auf seine Hände und Füße geschaut und Angst vor den Wunden verspürt?

Das Wunder einer Neugeburt bringt unwiderruflich und unausweichlich die Möglichkeit von Freude und Schmerz mit sich. Das bedeutet es, Mensch zu sein.

Das bedeutet es, als Ebenbild des Schöpfers erschaffen zu werden.

23 Daniel K.

Was hat unsere Vorfahren nur dazu gebracht, einen
Ort Lower Piddle (»Unteres Pipi«) zu nennen? Oder
Upper Slaughter (»Oberes Schlachten«) ? Oder Looe
(Wortspiel auf »Klo«)? (Natürlich haben die Franzo-
sen, angestachelt durch die Konkurrenz, noch einen
draufgesetzt und ihre Stadt Toulouse – = two looes:
zwei Klos! – genannt!)
Einmal befand ich mich in einem österreichischen
VW-Bus, der von Linz zu einer Kleinstadt im Norden Österreichs in der Nähe der damaligen Tsche-
choslowakei fuhr. Wir waren acht Personen im Bus,
darunter auch zwei kleine Kinder. Als wir an einem
idyllischen See, umgeben von Kieferwäldern, vorbei-
kamen, wurde die Stille von der Stimme des vierjäh-
rigen Daniel K. unterbrochen. Er wollte von seinem
Vater wissen, wie dieser See hieß. Die Antwort war
simpel: »Das ist der Wiehießdernochsee.« – »Warum?«, fragte Daniel prompt. »Warum was?«, fragte
sein Vater zurück. »Warum heißt der See so?«
Diese Frage war problematisch. Der Name war un-
klar und keine Beschreibung des Orts an sich. Da-
niels Vater bemühte sich zwar so gut er konnte, doch
seine Erklärungen konnten die Neugier des Vierjäh-
rigen nicht stillen. Als Daniel zum achten Mal »Warum?« gefragt hatte, stand sein Vater kurz vor einem
Nervenzusammenbruch, und seine Mutter sagte (mit
einer Stimme, die deutlich machte, dass nun das letzte Wort über die Sache gesprochen wurde): »Er heißt
einfach so! Darum!« Dies brachte Daniel eine Weile
zum Schweigen.
Heute als Erwachsener habe ich großes Mitgefühl für
Daniel. Es ist sicher eine gute Sache, immer weiterzu-
fragen, warum die Dinge so sind, wie sie sind. Es gibt
so vieles, was man über unsere Welt herausfinden
kann, und darüber, warum sie so ist, wie sie ist. Denn

sicher können wir nur dann die Antworten wirklich schätzen, wenn wir die richtigen Fragen gefunden haben. Wie Wissenschaftler immer weiter zu fragen, warum die Dinge so sind, wie sie sind, bedeutet, offen für Wunder zu sein. Ich glaube, das ist genau das, was Jesus gemeint hat, als er den Erwachsenen ins Auge sah und ihnen sagte, sie müssten wie Kinder werden, um in das himmlische Reich eingelassen zu werden: Verlieren Sie nie Ihre Neugier und Ihren Mut, alles zu hinterfragen!

In einer Welt voller Geschäftigkeit und Aktivitäten, Zerstreuung, die von einer Wand zu anderen reicht, und Bilder, die sich vom Boden bis zur Decke erstrecken, und überall Gedudel, ist es schwierig, eine Pause zum Nachdenken zu finden. Die rasante Geschwindigkeit des Lebens hält uns davon ab, lange genug innezuhalten, um uns wieder die Fähigkeit anzueignen, einfach nur zu staunen.

Und dennoch: Wenn ich die Psalmen des Alten Testaments lese, kann ich mich den alten Dichtern nicht entziehen, die das, was sich ihnen in einer herrlichen und geheimnisvollen Welt offenbarte, tief berührt, erregt und herausgefordert hat. Ihre Begegnungen mit dem lebendigen Gott machte ihnen Angst und ließ sie zugleich verwundern. Und brachten sie dazu, Fragen über Gott, die Welt und sich selbst zu stellen, selbst dann noch, als die Antworten ihre Weltsicht bis auf die Wurzeln zu erschüttern drohten.

Ich glaube nicht, dass sich etwas daran geändert hat. Wo es keine Wunder, keine Visionen gibt, gehen die Menschen zugrunde. Daher werde jedenfalls ich weiterhin »Warum?«, »Wann?« und »Wie?« fragen. Und wie Daniel K. werde auch ich mich nicht damit zufrieden geben, mich von Leuten ohne Visionen und ohne Fantasie an der Nase herumführen zu lassen, die nicht den Mut aufbringen, dieselben Fragen zu stellen.

24   Der Bund fürs Leben

In meinem Berufsleben habe ich schon zwischen 100 und 150 Trauungen vorgenommen. Das ist eine Menge Ja-Worte und eine Tonne Konfetti. Ich glaube, mir das Recht verdient zu haben, seufzend ein paar Dinge loszuwerden. Verstehen Sie mich bitte nicht falsch: Ich liebe Hochzeiten und ich liebe es, die Brautpaare bei den Vorbereitungen kennen zu lernen, ich liebe die Aufregung und die bunten Farben und die Nervosität, und vor allem liebe ich es, in der Rede eines jeden Trauzeugen dieselben drei Witze zu hören. (Also gut, Letzteres war gelogen). Einer der größten Vorteile, ein anglikanischer Pfarrer zu sein, ist es, dass man an jeder Menge Hochzeiten teilnehmen kann.

Doch dieses Privileg hat auch seine Verantwortung. Lesen Sie die Brautzeitschriften (ich tue es nicht), dann bekommen Sie eine Vorstellung davon, wie viel Zeit, Energie, Gedanken und Planung in einem Hochzeitstag stecken. Kleidung, Blumen, der Ort, die Fotografen, die Festdekorationen, die Sitzordnung, wer nicht neben wen gesetzt werden kann, weil die beiden kein Wort mehr miteinander reden – all das und noch viel mehr. Durchschnittlich kostet eine Hochzeit in England heutzutage zwischen achttausend und zehntausend Pfund. Dann die Junggesellenparty, die Jungfernparty, die Geschenke für die Brautjungfern, die Auswahl der Ringe, die Buchung der Flitterwochen … die Liste ist endlos.

Lassen Sie es mich ganz einfach fragen: Wie viel Energie, Zeit und Gedanken werden in eine Ehe gesteckt? Nicht in den Hochzeitstag und all das, was an diesem besonderen Tag passiert, sondern in die Ehe an sich? Die Beziehung der beiden Eheleute verdient doch sicher, dass man genauso viel, wenn nicht noch mehr in sie investiert als in die Planung des

Hochzeitstags? In meiner vorherigen Gemeinde haben wir viel Zeit und Fantasie investiert, die Brautpaare auf ihre Ehe und nicht nur auf den Hochzeitstag vorzubereiten. Wir halfen ihnen dabei, sich Gedanken zu machen, wie eine Beziehung funktioniert, wie Konflikte verstanden und gemeistert werden können, wie man Prioritäten setzt und wie man Gefühle und Emotionen ausdrücken kann. Die Reaktionen der Brautpaare waren fast immer herzlich und positiv.

Es mag streitsüchtig klingen, doch mir scheint, als würden wir in einer Kultur leben, die Liebe sentimentalisiert und die Ehe auf einen Vertrag reduziert. Auf den meisten Hochzeitskarten wird das Brautpaar in ein rosa Herz eingerahmt. Das ist das Symbol von Liebe, das man überall findet. Doch ich möchte ein anderes, realistischeres Symbol vorschlagen, das zur Linse werden kann, durch die wir die Ehe oder jede andere Beziehung sehen und darüber nachdenken: Ich meine ein Kreuz. Es steht für eine Liebe, die aufopfernd und verwundbar ist, für einen Mann, der seine Arme ausbreitet, um willkommen zu heißen und zu umarmen. Es ist vollkommen realistisch in Bezug auf den anderen, weckt keine Illusionen und bietet keine vorgetäuschten Selbstdarstellungen. Es ist eine Liebe, die teuer ist und sich nicht verstecken kann, die der Wahrheit ins Gesicht blickt und den Liebenden die Freiheit schenkt, sich nie voreinander verstecken zu müssen.

Ich glaube, dieses Symbol der Liebe zu verstehen bedeutet, eine Hochzeit in eine große Feier zu verwandeln. Es ist sicher kein Zufall, dass eines der stärksten himmlischen Bilder in der Bibel eine Hochzeitsfeier darstellt. Das erste Ereignis, an dem Jesus nach dem Johannesevangelium in seiner Mission teilnahm, war eine Hochzeitsfeier, zu der er mit seinen Freunden ging und die er rettete, indem er Wasser in

Wein verwandelte – und dazu auch noch in den edelsten Tropfen!

(Aber vielleicht können Sie mir ja erklären, warum meine Frau mich vor kurzem als »Modell eines Ehemanns« bezeichnet hat – und ich im Wörterbuch unter «Modell» die Definition »winzige Nachbildung des Originals« fand.)

25 Anbetung und Aktivität

An einem verregneten Spätsommertag machten meine Frau und ich einen Ausflug zum Hampton Court Palace. Wir waren noch nie dort gewesen und fanden, da wir doch in der Nähe wohnen, sollten wir die historische Stätte besichtigen. Um ehrlich zu sein: Ich kann diesen ganzen Touristenrummel nicht ausstehen und hasse es, mir ›interessante Kunstgegenstände‹ anzusehen. Das Wetter an diesem kühlen, grauen Regentag heiterte mich auch nicht gerade auf. Doch wir fuhren trotzdem hin, und als wir ankamen, war ich froh darüber. Die historische Stätte, die ursprünglich 1514 für Kardinal Thomas Wolsey erbaut wurde, ist etwas Besonderes. Später wurde sie für König Heinrich den Achten vergrößert und verschönert, und der hatte ganz offensichtlich keine nüchterne oder asketische Einstellung zum Leben!

Der Grund, warum ich Ihnen von meinem Ausflug erzähle, ist der, dass ich an jenem Tag auf etwas gestoßen bin, was meine Fantasie angeregt hat. Auf dem Grundstück des Palasts steht eine herrliche Kapelle. Als wir sie betraten, war sie voller Touristen, die offensichtlich ein unterschiedlich starkes Interesse an der Kapelle hatten und ihre Schönheit mehr oder weniger wahrnahmen. Doch was meine Aufmerksamkeit am meisten auf sich zog, war ein Schild draußen am Eingang zur Kapelle. Darauf stand: »Diese Kapelle ist noch aktiv«. Ich wunderte mich über das Wort »aktiv«. Was sollte damit ausgedrückt werden? Wie kann eine Kapelle »aktiv« sein?!

Die Reihenfolge oder Form eines Gottesdienstes in einer Kirche oder Kapelle wie dieser wird häufig als »Liturgie« bezeichnet. Das Wort stammt aus dem Griechischen – und was bedeutet es? Ja, ihr habt es erraten, es bedeutet ›Arbeit‹. Anders ausgedrückt: Gottesverehrung bedeutet Arbeit. Dem Gläubigen wird etwas abverlangt, es wird von ihm erwartet, dass er für das Erlebnis einen Preis zahlt. Demnach ist Andacht keine einfache Tätigkeit, die auf die Bequemlichkeit der Konsumenten ausgerichtet ist, in deren Alltag alles leicht und locker und sofort erreichbar sein soll.

Da wir nun einmal in einer westlichen Kultur der Bequemlichkeit leben, könnte man meinen, dies sei der letzte Nagel im Sarg der organisierten Religion. Doch ich glaube, es wäre falsch, so zu denken. Denn es drückt nur das aus, was jeder Mensch schon längst weiß: Nämlich, dass alles Wertvolle seinen Preis hat. Gott zu ehren, dem Schöpfer zu begegnen, der die Welt erhält, liebt und heilt ist nichts, was man leicht oder locker nehmen sollte. Ihn zu ehren oder über ihn zu reflektieren, fordert seinen ganz persönlichen Preis und verlangt vom Gläubigen, sich der Erfahrung auszuliefern, ihre Herausforderung anzunehmen und von ihr verändert zu werden.

Natürlich ist mir klar, dass das nicht im Trend der Zeit liegt. Eine Luxusgesellschaft aus kaufkräftigen Konsumenten bringt keine Geduld für etwas auf, was man sich erarbeiten soll oder auf das man warten muss. Sollte Religion stattdessen nicht leicht und einfach zugänglich sein? Nun, Gott ist Realist und verkauft den Menschen keine Illusionen. Und Jesus sagte zu seinen Freunden, sie müssten ein Kreuz tragen, wenn sie ihm folgen wollten. Mit anderen Worten: Es wird euch das Leben kosten.

An jenem verregneten Sommertag genossen wir unsere ausgiebige Besichtigung der Hampton Court Kapelle und nahmen die Atmosphäre dankbar in uns auf. Doch wir waren nur Betrachter, und es kostete uns nichts. Das nächste Mal, wenn ich die Kapelle besuche, will ich tiefer in die Gründe eindringen, weshalb diese Stätte vor über einem halben Jahrtausend errichtet worden ist. Das nächste Mal komme ich als ›Arbeiter‹. Ich will, dass es mich mehr kostet als nur das Eintrittsgeld.

26 Nantes Triptychon

Seit ich gehört habe, wie ein amerikanischer Tourist in Paris ein Meisterwerk von Van Gogh »irgendwie süß« fand, macht es mir Spaß, andere Leute in Kunstmuseen auszuspionieren. Die meisten Menschen besuchen eine Kunstgalerie, um sich die Ausstellungsstücke anzusehen. Und ich? Ich nicht. Ich gehe hin, um die Leute zu beobachten, die die Gemälde und Skulpturen betrachten.

Einer der Kunstplätze in London, der sich am besten dafür eignet, ist das Tate Modern am Südufer der Themse. Dort kann man sich stundenlang damit amüsieren, die Besucher zu beobachten, während sie versuchen, das, was sie sehen, zu verstehen, und sich zum Beispiel fragen, ob der Feuerlöscher an der Wand vielleicht ein Exponat ist ... oder ein echter Feuerlöscher. Vor ein oder zwei Jahren ging ich an einem freien Tag hin. Die Kunststätte war voller Besucher. Gewöhnlich vermeide ich die kleinen Kabinen, in denen Videos gezeigt werden, doch damals kam ich an einem großen Raum vorbei, der drei riesengroße Videowände enthielt. Das Kunstwerk nannte sich: »Nantes Triptychon« und war 1992 von einem Amerikaner namens Bill Viola erschaffen worden. Es lohnte sich.

Auf der linken Leinwand wird eine Frau gezeigt, die gerade ein Kind gebärt. Die Zuschauer nehmen an den letzten dreißig Minuten ihrer Wehen und der Geburt ihres Babys teil. Auf der rechten Leinwand sieht man die letzten dreißig Minuten im Leben einer alten Frau – es ist sogar die eigene Mutter des Künstlers. Zwischen den beiden Videowänden befindet sich eine noch größere Leinwand, auf der das traumgleiche Geheimnis des Lebens zwischen seinem Anfang und seinem Ende gezeigt wird. Aus den Lautsprechern hört man das Stöhnen der jungen Frau und das Keuchen der alten Frau. Ätherische Geräusche explodieren auf der mittleren Videowand und vermischen sich immer wieder mit den anderen Lauten. Dadurch wird eine unglaubliche Atmosphäre erzielt, von der man völlig erfasst und zutiefst berührt wird. Die drei Filme laufen gleichzeitig ab und laden den Zuschauer ein, an den gefilmten Erlebnissen teilzuhaben und über das Geheimnis des Lebens von Anfang bis zum Schluss nachzudenken.

Deshalb frage ich mich, warum so viele der Besucher nur hineingegangen sind, ein bisschen zugesehen haben und gleich wieder hinausgegangen sind?

Mir scheint, als würde das Ein- und Ausgehen der Leute in jener halben Stunde etwas über die heutige Lebensweise aussagen. Statt bei dem Film und dem Erlebnis, das er bringt, zu verharren, gingen die Leute weiter auf ihrer Suche nach der nächsten Stimulation. Anscheinend ist es zu schwer, dreißig Minuten lang an einem Ort einfach nur zu sitzen oder zu stehen; sie mussten noch mehr sehen, sich noch mehr Unterhaltung reinziehen, immer wieder etwas Neues finden.

Doch mit manchen Erlebnissen im Leben muss man leben und man muss sie durchleben. Wie bei dem Video kann man eine Geburt nicht schneller drehen. Der Frau und ihrem Partner dabei zuzusehen, wie sie darauf warten, fällt nicht leicht. Man fühlt sich hilflos, wenn man nur dasteht und zusieht. Und während das Leben der alten Frau zu Ende geht, ist es irgendwie beunruhigend, nur zu warten und nichts tun zu können, um die Dinge zu beeinflussen. Man weiß zwar, dass das Unausweichliche passieren wird, doch man kann nichts dagegen tun ... außer sich abzuwenden.

Vielleicht wissen wir einfach nicht mehr so recht, wie man innehält und stehen bleibt. Vielleicht ist diese Art von Kunst zu unbequem, weil sie den Touristen mit unbequemen Fragen über das Geheimnis und das Heilige des Lebens an sich konfrontiert.

Ich blieb dreißig Minuten lang wie verzaubert stehen. Dann ging ich weiter und betrachtete völlig verständnislos einen Haufen Ziegelsteine auf dem Boden. Ich glaube, seine Bedeutung ist an mir vorbeigegangen.

27 Michelangelos Engel

Ich muss ein Geständnis machen, das für jemanden, der sich als Kunstliebhaber bezeichnet, etwas peinlich ist. Ich war noch nie in Rom. Gut, es ist nicht so peinlich, wie wenn ich zugeben müsste, dass ich meine Kinder auf die Straße schicke, um Geld dazu zu verdienen. Doch jeder sagt mir immer wieder, dass ich UNBEDINGT die Decke der Sixtinischen Kapelle besichtigen muss und die Kunstmuseen besuchen muss und … Wahrscheinlich meinen sie, ich sollte mir endlich ein bisschen anständige Kultur zulegen … oder »erleben«. Mir wurde gesagt, dass das Tate Modern nicht damit zu vergleichen ist … aber das halte ich für reinen Snobismus.

Na ja, eigentlich würde ich Rom ganz gern eines Tages besuchen, um zu sehen, was Michelangelo an die Decke gemalt hat. Zu seinen Lebzeiten wurde er schon als Genie angesehen, und dieses Urteil hat sich seit seinem Tod im Jahr 1564 immer mehr verfestigt! (Zufälligerweise – auch wenn es unwichtig ist – starb er auf den Tag genau 390 Jahre, bevor John Travolta im Jahr 1954 geboren wurde. Ich glaube jedoch, wir sollten es vermeiden, Gemeinsamkeiten zwischen der Kunst des Films Saturday Night Fever und der Decke der Sixtinischen Kapelle zu suchen, und machen rasch weiter.)

Es gibt eine berühmte Anekdote über Michelangelo, die mir sehr gefällt. Wie erzählt wird, rollte er einen riesigen Felsbrocken einen Abhang hinunter und wandte seine ganze Kraft an, um den Stein zu manövrieren. Irgendjemand blieb stehen und fragte ihn, was er da tun würde, schließlich sei es doch bloß ein riesiger Stein. Michelangelo erwiderte, dass er es eilig hätte, denn in dem Stein würde sich ein Engel befinden, der darauf wartete, sich zu zeigen.

Ich mag diese Geschichte deshalb, weil sie zeigt, wie ein Mensch etwas für leblos und wertlos betrachten kann, während ein anderer das Potenzial für etwas Wunderschönes, was daraus hervorkommen könnte, an einer Sache erkennt. Michelangelo hatte die fertige, vollkommene Skulptur vor Augen; er musste einfach den Stein behauen, bis der Engel sich zeigen würde, der darin steckte. Er sah tiefer, er konnte das Mögliche deutlicher erkennen, und so wandte er seine ganze Kraft und Energie an, um eine Schönheit zu erschaffen, die anderen zu diesem Zeitpunkt noch verborgen blieb.

In den Schöpfungsgeschichten der Genesis im Alten Testament steckt eine ähnliche Vorstellung. Wie spielerisch scheint Gott Ordnung in das Chaos der Welt am ersten Schöpfungstag zu bringen. Er erkennt, dass in ihr das Potenzial für Leben, Schönheit und Fruchtbarkeit steckt. Er stellt sich eine vielseitige Welt vor, voller vielschichtigen Lebens und der möglichen Liebe, die in ihr und durch sie wirkt. Er gibt der Schöpfung die Freiheit, zu wachsen und vor Leben und Möglichkeiten schier zu bersten. Und dadurch schafft er auch die Gefahr, dass diese Schönheit zerstört, verzerrt oder missachtet wird … ein bisschen so wie Michelangelo, der einen Engel aus Stein zauberte und sich dann fragte, was aus seinem Engel in den Händen zukünftiger Generationen wohl werden würde.

Doch wenn Sie und ich als Ebenbild Gottes erschaffen worden sind, dann sagt uns auch dies etwas. Erkenne ich das Potenzial und die Schönheit, die in anderen Menschen steckt? Oder sehe ich nur die harte und scheinbar undurchdringliche Oberfläche des Steins und ignoriere ihn daher? Wenn ich es recht bedenke, dann sehe ich die Dinge lieber mit Michelangelos Augen statt mit den Augen der Zuschauer, die nur betrachten, ohne zu erkennen.

28 Statistiken

Eines Abends saß ich mit meiner Familie am Esstisch, als meine Tochter Melanie mich fragte, welche Rolle die Generäle im ersten Weltkrieg gespielt hätten. Während sie die Teller abräumte, erklärte sie, dass sie für die Schule einen historischen Aufsatz schreiben musste. Ich gab ihr den Tipp, ein paar der großen Dichter des ersten Weltkriegs – wie zum Beispiel Wilfred Owen, Rupert Brooke und Siegfried Sassoon – zu lesen, um ein Gefühl für die Sinnlosigkeit der Kampfgräben zu bekommen. Mein Sohn Richard unterbrach seine Versuche, aus dem Tischtuch ein Origami-Kunstwerk zu machen, und warf ein, das sei sinnlos, denn – ich zitiere – »dafür kriegt sie keine Extrapunkte«.

Ich dachte immer, die Aufgabe der Schule sei es, Wissen, Wachstum, Reife und Neugier zu vermitteln. Scheinbar geht es bei der heutigen Bildungskultur jedoch nur noch darum, durch Reifen zu springen, um genug Punkte zu sammeln, um genügend Qualifikationen zu erwerben, um einen Studienplatz zu bekommen, um einen Job zu kriegen, um das Konto ins Plus zu bringen und in exotischen Ländern Urlaub zu machen.

Die Allerletzten, die man dafür zur Rechenschaft ziehen sollte, sind die Lehrer. Von ihnen wird heute erwartet, sich darauf zu konzentrieren, vorgeschriebene Ergebnisse zu erzielen, damit ihre Schule einen guten Ruf erhält. Auch hört man, dass die Lehrer an – nicht nur – englischen Schulen möglicherweise (bald) nach ihrer Leistung bezahlt werden. Wie bitte?! Über die Statistiken und ein Erziehungswesen, das von Prozenten dominiert wird, gibt es so viele offensichtliche Fragen, dass man gar nicht mehr weiß, wo man anfangen soll.

Eine solche Kultur macht mir Sorgen. Es scheint, als hätten Menschen und Dinge nur dann einen Wert, wenn man sie anhand von Bilanzen oder einer Rangliste messen kann. In einer Interviewserie, die eine überregionale britische Zeitung bringt, reden berühmte Leute über ihre Lehrer und ihre Lehrer über sie. Dabei werden nie die Noten erwähnt. Stattdessen geht es um Inspiration. Aber wie misst man die Inspiration und Motivation, die ein Lehrer in seinem Schüler erweckt? Wie misst man das Wachstum der kindlichen Fantasie, dessen Herkunft gegen geistige Neugier spricht?

Bedeutet Bildung etwa nicht, dass Menschen sich dadurch weiterentwickeln, statt sie nur durch einen statistischen Fleischwolf zu drehen? Als Absolvent von zwei Studienabschlüssen ist mir klar, dass es keine Alternative zwischen der Anhebung des Bildungsniveaus und der Erweiterung des Charakters gibt, sondern dass beides zusammengehört. Doch ich möchte die Versessenheit auf erreichte Ziele und Diagramme hinterfragen, die nur wenig über die Entwicklung der Moral und des Charakters unserer Kinder aussagt.

Dabei fällt mir das Lied von »Blind« Willie Johnson ein, in dem gesagt wird:

Ich will dich etwas fragen
Bitte antworte, wenn du kannst
Kann irgendeines Menschen Kind mir sagen,
Was eine menschliche Seele ist?

Das Lied geht so weiter:

Ich sah eine Versammlung vor einem Stand
Und kam gerade recht
Wie die Herren Anwälte und Doktoren lehrten
Besteht ein Mensch nur aus Verstand.

Ich für meinen Teil glaube, dass ein Mensch aus mehr als nur Verstand besteht. Und dass er ganz sicher mehr ist als nur ein Objekt, das dazu erschaffen wurde, durch Reifen zu springen, um am Ende des Prozesses in ein bestimmtes Produkt umgewandelt zu werden.

Es ist nicht nur wichtig, wie wir unseren Kindern heute Wissen vermitteln, sondern vor allem, welche Art von Kindern wir dadurch erschaffen und mit welchen Werten sie aufwachsen. Als Mensch beunruhigt mich das.

VON DER KUNST,
EIN MENSCH ZU SEIN

29   *Furchtbar und wunderbar zugleich*

Ich weiß, dass Satire nicht jedermanns Sache ist, doch
hören Sie sich das mal an. Jonathan Swift, der Verfasser von Gullivers Reisen, hatte andere Menschen
so satt, dass er dem König von Brobdingnag die folgende Beschreibung der Menschen in den Mund
legte: ›… the most pernicious race of odious little
vermin that nature ever suffered to crawl upon the
face of the earth.‹ (… die ekelhafteste Spezies übelrie-
chender Schädlinge, der die Natur je erlaubt hat, über
den Erdboden zu kriechen.) Wow! Der hat kein Blatt
vor den Mund genommen, nicht wahr? Doch bevor
Sie sich nun geschockt abwenden, da Sie eine
Schimpftirade von mir befürchten, lassen Sie mich
erklären, warum ich Sie auf Swifts Schmähworte auf-
merksam machen möchte.
Laut Umfrage einer überregionalen Zeitung sind dreiundsechzig Prozent der Reiter lieber mit ihrem Pferd
als mit ihrem Lebenspartner zusammen. Verstehen
Sie? Dreiundsechzig Prozent der Reiter verbringen
lieber Zeit mit ihrem Pferd als mit ihrem Partner! Ich
weiß zwar nicht, wie die Beziehung zu ihrem Partner
aussieht –und ich will es mir auch lieber nicht vorstellen –, doch dieser bedeutsame statistische Informa-
tionshappen hat mich dazu gebracht, darüber nachzu-

denken, wie merkwürdig es überhaupt ist, ein Mensch zu sein. Wir sind zwar für zwischenmenschliche Beziehungen geschaffen, doch als Individuen sind wir so kompliziert, dass es schon fast ein Wunder ist, wenn zwei Menschen sich überhaupt verstehen. Wir Menschen sind ein wandelnder Widerspruch.

Ich meine, ist es nicht erstaunlich, dass Menschen, die unglaublich tiefer Liebe fähig sind, gleichzeitig grauenhafte Untaten begehen können? Oder dass Leute, die intelligent genug sind, komplexe medizinische Untersuchungen durchzuführen, gleichzeitig dazu fähig sind, immer schrecklichere chemische Vernichtungswaffen zu entwickeln? Ein Mensch zu sein ist eine komische Sache. Und wir sind äußerst komplexe Wesen.

Vor fast dreitausend Jahren machte sich ein Dichter über ähnliche Themen Gedanken. (Manche Dinge ändern sich wohl nie). Über seine eigene Existenz schrieb er dies: ›Ich danke dir dafür, dass ich wunderbar gemacht bin ...Es war dir mein Gebein nicht verborgen, als ich im Verborgenen gemacht wurde, als ich gebildet wurde unten in der Erde. Deine Augen sahen mich, als ich noch nicht bereitet war.‹ Das Gedicht heißt Psalm 139.

Manchmal habe ich das Gefühl, wir sollten seine Selbsterkenntnis umformulieren: »Ich bin schrecklich und wunderbar seltsam zugleich«. Der kanadische Sänger und Liedermacher Bruce Cockburn hat dieses Phänomen »die Last der Engels-Bestie« genannt. Wir Menschen sind unglaublich komplizierte Wesen, die Respekt genauso wie Liebe und Vergebung brauchen. Und das bringt mit sich, dass auch die menschlichen Beziehungen kompliziert sind. Ich glaube, dieser Gedanke sollte uns dazu bringen, unsere Beziehungen mit Ehrfurcht und Bewunderung zu betrachten und die Zeit und Mühe zu investieren, die wir brauchen, um sie zu hegen und herauszufinden, wie sie funktionieren. Es ist kaum zu glauben, dass man zwar eine stundenlange Beratung in Anspruch nehmen kann, wie man sein Geld am besten investiert, aber kaum Ratschläge bekommt, wenn man heiraten will. Ist die Beziehung der Menschen denn nicht wichtiger als das Haus, das sie gemeinsam beziehen werden?

Da ich kein Pferd besitze, habe ich auch nicht das Problem der dreiundsechzig Prozent. Aber wenn Sie je meiner Frau begegnen, werden Sie feststellen, dass ihr kein Gaul das Wasser reichen kann!

30   Was sagt ein Name aus?

Haben Sie sich schon einmal gewünscht, Ihre Eltern hätten Ihnen einen anderen Vornamen gegeben? Sie verstehen, was ich meine? Manche Menschen schleppen ein Leben lang das Ergebnis der Jugendträume oder die verkorkste Kindheit ihrer Eltern mit sich herum. Ich kannte mal einen Mann, der Bernhard Ihner hieß. Offensichtlich erkannten seine Eltern das doppeldeutige Potenzial nicht, das in dieser Namenskombination steckt.

Einmal bekam ich zum Geburtstag einen Briefbeschwerer geschenkt. Darauf stand mein Vorname Nicholas und erklärend dahinter: »Ein Mensch, der immer voller positiver Energie steckt. Gewinnende Einfälle. Voller Lebenskraft.« Wie bitte? »Gewinnende Einfälle«? Ich frage mich, ob meine Eltern jetzt, da ihnen die Bedeutung meines Vornamens klar ist, zu der Überzeugung gelangt sind, dass sie einen Fehler gemacht haben. (Und was bedeutet »gewinnende Einfälle« überhaupt?!)

Das Beispiel zeigt jedoch, dass ein Name mehr als nur ein Titel oder eine Bezeichnung ist. In den östlichen Kulturen – einschließlich der biblischen – sagt der Name eines Menschen etwas über seinen Charakter und seine ganze Persönlichkeit aus. Aus diesem Grund geht es bei dem Gebot, Gottes Namen nicht zu missbrauchen, nicht um das Fluchen, sondern darum, den Charakter oder die Persönlichkeit Gottes zu missbrauchen oder sich über sein Wesen lustig zu machen, indem das eigene Verhalten ihn leugnet … was natürlich eine weitaus ernstere Angelegenheit ist.

Doch die Sache mit den Namen kann richtig interessant werden. Im Alten Testament gibt es zum Beispiel eine Frau namens Sarai, die von Gott zu Sarah umgetauft wird. Sarai bedeutet unfruchtbar, während

Sarah Lachen bedeutet. Die unfruchtbare Frau wird in eine Frau verwandelt, die vor Freude und Staunen über die göttliche Freundschaft lacht. Und ihr Name drückt ihr Wesen und ihre Vergangenheit aus.

Im Neuen Testament finden wir eine Frau, die seit Jahrzehnten verkrüppelt ist und zur Zielscheibe des Spotts ihrer Gemeinde geworden ist. Sie ist eine persona non grata, wertlos und ohne einen Platz in der Gemeinschaft von Sitte und Pietät. Jesus legt ihr die Hand auf und nennt sie eine »Tochter Abrahams«. Mit diesen Worten gibt er ihr ihre einzigartige Würde zurück, räumt ihr einen Platz in ihrer Gesellschaft ein und erlaubt es ihr, sich mit Stolz aufzurichten. Der geschilderte Fall ist typisch für die zärtliche Liebe, die Jesus so vielen Frauen entgegenbrachte, die in den Augen ihrer Zeitgenossen – vor allem der mächtigen Männer – als wertlos angesehen wurden.

Doch das sind keine Zufälle oder Einzelfälle. Jesus hegt zum Beispiel keine Illusionen über das launische Wesen seines Freundes Simon, doch er tauft ihn in Petrus um (wörtlich im Englischen »Rocky«! = »wankelmütig«) und wartet ab, wie sich der Mann in Zukunft entwickeln könnte. Wenn ich den Bau der Kirche geplant hätte, hätte ich keinen Typen wie Simon eingestellt, der regelmäßig den falschen Nagel trifft und lieber auf sein Herz als auf den Verstand hörte. Zum Glück bin ich nicht Jesus.

Was mich beschäftigt, ist wohl ganz einfach das: Sagt mein Name wirklich etwas über meine Person aus? Oder ist es für mich wichtig, den Namen zu hören, den Gott mir gibt, wenn er mir seine Hand auflegt und mir sagt, dass er mich bis zum Tode lieben wird? Wenn jemand mich heute bei meinem Namen ruft, was höre ich dann – eine Bezeichnung, die mir eine Eigenschaft oder eine Erwartung aufzwingt, die ich nicht abschütteln kann? Oder höre ich dann etwas anderes – höre ich dann die Stimme Gottes, die mir sagt: »Du bist in meinem Ebenbild gemacht und ich liebe dich?«

31 Wie Schäfchen

Sie brauchen mir nicht zu sagen, dass die Medien in
den letzten Jahren von den Auswirkungen des Terrorismus, des Massenmords und des »Kriegs gegen den
Terrorismus« beherrscht wurden. Die Zeitungsseiten
sind mit Analysen, Reportagen, grausigen Bildern
und Kommentaren über die traurigen Themen dieser
Welt angefüllt. Aber trotz des ganzen Horrors dieser
Themen erleichtert es mich, dass in den Zeitungen
auch noch Platz für ein paar andere wichtige Dinge
ist. Wie ich zum Beispiel vor ein oder zwei Wochen
las, haben Wissenschafter herausgefunden, dass...
warten Sie, jetzt kommt's! ... Schafe die Gesichter
ihrer Mitschafe erkennen können.
Auch wenn diese Tatsache Ihren Tag vielleicht nicht
sonderlich erhellt, so hat sie mich doch fasziniert. Es
wäre mir nicht im Traum eingefallen, mich zu fragen,
ob oder wie ein Schaf ein anderes Schaf sieht – mit
einem Blick des Erkennens oder der Gleichgültig-
keit. Die Schafe, denen ich bisher begegnet bin,
scheinen immer nur den Kopf nach unten zu halten
und Gras zu fressen. Nicht unbedingt meine Vorstellung von einem spannenden Leben, aber ich bin ja
auch kein Schaf.
Seit ich jedoch diesen Zeitungsbericht gelesen habe,
sind mir ein paar ernste Fragen über die Schafe
gekommen: Wenn Billy der Bock Milly das Schaf
anschaut– sieht er dann bloß ihre Gesichtszüge und
kaut gleichgültig weiter? Oder erkennt er eine einzigartige Schafspersönlichkeit in Milly und spürt die
Verwandtschaft zu ihr? Oder (und auf dieser kaue
ich ganz schön herum) öffnet sich ihm dann das
Fenster zu ihrer Seele und er fühlt eine Art von emo-
tionaler Verbundenheit zu ihr? Nun, die Antworten
darauf weiß ich nicht (und, um ehrlich zu sein, es
interessiert mich auch nicht unbedingt brennend).

Trotzdem haben diese Überlegungen mich dazu gebracht, die Sprache neu zu interpretieren, die wir oft anwenden, wenn wir über Schafe reden. »Wie die Schafe hintereinander her laufen.« Wie ein Schaf zu sein, bedeutet hier, den anderen Schafen dumm und blind zu folgen. Es bedeutet, unkritisch und gedankenlos zu sein. Es bedeutet, sich einfach nur anzupassen.

Aber … wenn Schafe einander erkennen, dann müssen wir unsere Vorstellungen über sie möglicherweise ändern. »Wir, die wir wie Schafe sind, müssen untersuchen, wie wir andere Menschen sehen.« Was sehe ich, wenn ich einen anderen Menschen ansehe – meine Frau, die Verkäuferin, den Stadtstreicher, einen Freund … oder den Feind? Was erkenne ich in ihren Gesichtern? Erkenne ich bloß, dass ich sie kenne und ob ich sie grüßen oder meiden soll? Erkenne ich einen Rivalen oder eine Schwäche, die ich ausnützen kann?

Ganz am Anfang des Alten Testaments, in der Genesis, kann man lesen, dass Gott die Menschen »nach seinem Ebenbild« erschaffen hat. Ich soll vor allem das Kind Gottes sehen, einen Menschen, der vollkommen einzigartig ist. Und wie ich ist dieser Mensch schön und hässlich, hat Erfolge und Misserfolge, Stärken und Schwächen. Dieser Mensch besteht aus allem Möglichen, das mich entweder anzieht oder abstößt. Doch im Grunde soll ich seinen unantastbaren Wert als einzigartiges Kind Gottes erkennen, das in seinem Ebenbild erschaffen wurde und von ihm bis zum Tod geliebt wird.

Da haben Sie es. All das, bloß weil ich von einem Experiment mit Schafen gelesen habe. Ich kann es kaum erwarten, bis sie Schlangen erforschen.

32 Helden und Heldinnen

Als ich noch ein Kind war, waren meine Helden alle Fußballspieler. Und alle haben für Liverpool gespielt. Zurzeit sind sie so großzügig, den kleinen Vereinen die Chance zu geben, auch ein bisschen Ruhm abzukriegen, nachdem sie seit über dreißig Jahren beim englischen Fußball gezeigt haben, wo es langgeht.

Ich weiß noch, wie ich einmal die Kinder einer Grundschulklasse gefragt habe, wen sie für meine Helden halten. Sie sagten Superman. Superman? Ein Typ, der die Welt retten will und sich noch nicht mal anständig anziehen kann?! Der trägt doch seine Sporthose über dem Trikot – wie könnte man den ernst nehmen? Das Problem ist natürlich, dass wir heutzutage keine Helden mehr haben. Wenn jemand heute etwas Gutes tut oder eine tolle Leistung bringt, scheinen wir alle nach seiner schlechten Seite zu suchen, nach seinen Widersprüchlichkeiten, nach seinem Klumpfuß. Offenbar gefällt es uns, ihn herunterzumachen und zu beweisen, dass er auf irgendeine Weise genauso schwach ist wie wir. Schauen Sie sich nur an, wie wir mit Präsident Clinton, Prinzessin Diana oder sogar Mutter Teresa umgesprungen sind. Doch vielleicht überrascht es Sie zu erfahren, dass die großen Helden in der Bibel, deren Lebensgeschichten in grausigen Details niedergeschrieben wurden, von den Boulevardblättern nie aufgegriffen worden wären. Und warum nicht? Weil sie vollkommen waren? Im Gegenteil! Aus genau dem Grund, weil sie nie vorgaben, vollkommen zu sein! Sie werden in all ihrer gefallenen menschlichen Größe dargestellt, mitsamt ihren Warzen. Sie mögen zwar heroische Taten vollbracht haben, aber sie hatten auch eine weniger mutige Seite. Und das hat weder sie selbst noch Gott erstaunt.

Einer meiner Helden ist ein toter deutscher Pfarrer namens Martin Niemöller. Er wurde 1938 von den Nationalsozialisten verhaftet und verbrachte über acht Jahre im Konzentrationslager Sachsenhausen. Am Ende des Zweiten Weltkriegs wurde er befreit und zu einem Helden des deutschen Widerstands erkoren. Doch die Wahrheit ist, dass Niemöller 1931 und 1933 die Leute gedrängt hat, für Adolf Hitler zu stimmen, weil er glaubte, der würde ein starker Führer werden, der dem deutschen Reich seine Würde wiedergeben könnte. Als Niemöller die Folgen des Wahlsiegs des Tyrannen sah, änderte er seine Meinung und musste seinen Mut teuer bezahlen. Auch wenn ich seinen frühen blinden Patriotismus verdammen mag, anerkenne ich doch seine Bereitschaft, den Preis dafür zu bezahlen, dass er seinen Irrtum eingestand und seine Meinung änderte – egal wie hoch der Preis auch sein würde.

In der Bibel begegnen wir einer Reihe von »Riesen« (oder Engel mit schmutzigen Gesichtern wie der gleichnamige Titel eines (Humphrey-Bogart-)Films lautet), deren Geschichten nicht wegen ihres Propagandawerts erzählt werden. So ist Moses ein Mörder, der die israelische Seite trotz seiner enormen Charakterstärke bei mehreren wichtigen Gelegenheiten verrät. David, der König Israels, begeht Ehebruch, bevor er den Mann der Geliebten ermorden lässt. Petrus schwört, Jesus bis zum bitteren Ende zu beschützen ... gleich darauf leugnet er in einem Garten einem kleinen Mädchen gegenüber ab, ihn überhaupt zu kennen. Diese Helden müssen in ihrer gesamten Menschlichkeit gesehen werden, statt in einer gereinigten Form, die religiösen Leuten ihre erfundene Reinheit bestätigt.

Ich glaube, wir alle brauchen Helden. Aber ich glaube auch, dass wir unser Bemühen aufgeben müssen, Vollkommenheit in ihnen zu sehen. Die größten

Helden sind für mich die, die keine Illusionen über sich haben und die den Mut besitzen zu sagen: »Ich habe mich geirrt« und »Es tut mir leid«. Diese Helden stellen sich nicht als Riesen dar; ihre menschliche Verwundbarkeit ist ihnen nur allzu bewusst. Ich will echte Helden und Heldinnen, ich will Menschen, die sich zu den echten Mühen und Widersprüchen des Lebens bekennen, Menschen, die keine unrealistisch hohen Ideale verkörpern, sondern die ich für ihre Echtheit bewundern kann.

Trotzdem wünschte ich, dass der FC Liverpool das Obige ignoriert und gewinnt!

33 Die Arbeit und die Grippe

Neulich saß ich in der Londoner U-Bahn. Ich träumte vor mich hin und versuchte, wach zu bleiben. Aber dann tat ich das Undenkbare und fing an, die Werbeposter über den Sitzbänken gegenüber zu lesen. Nach langen Überlegungen beschloss ich, nicht auf die Werbeanzeige zu reagieren, die mit dem Versprechen lockte, meinen Brustumfang um zwei Körbchengrößen zu erweitern. Doch die daneben erregte meine Aufmerksamkeit. Es war eine Werbeanzeige für ein Medikament. Darunter stand: »Weil es Ihren Terminen egal ist, ob Sie Grippe haben.«

Moment mal! Wenn man wirklich Grippe hat, hockt man sowieso nicht in der U-Bahn und liest diese Werbeanzeige. Wenn man wirklich Grippe hat, sitzt man noch nicht mal aufrecht. Dann liegt man im Bett und fragt sich, wie lange es noch dauert, bis man stirbt. Heutzutage scheinen die Leute zu sagen, sie hätten Grippe, wenn sie in Wirklichkeit bloß eine starke Erkältung haben oder ein bisschen frösteln. Denn eine echte Grippe ist etwas Schreckliches.

Aber was mich an der Anzeige beunruhigt ist nicht, was sie über die Grippe aussagt, sondern was sie über uns aussagt. Was für Menschen sind wir, wenn wir glauben, es sei eine Tugend, eine ernste Krankheit zu ignorieren und weiterzuarbeiten? Wenn man etwas wirklich Schlimmes wie zum Beispiel Grippe hat – ist es dann vernünftig, zur Arbeit zu fahren und die Grippeviren mit allen anderen zu teilen? Wenn der eigene Körper einem sagt, dass er dringend ruhen muss, ist es dann wirklich so selbstlos oder klug, den Helden oder die Heldin zu spielen und alles zu riskieren, nur um den Chef glücklich zu machen? Ist es wirklich intelligent zu glauben, eine Tablette würde die Krankheit verscheuchen, wenn man genau weiß, dass sie nur die Symptome unterdrückt?

Das scheint mir ein gutes Gleichnis zu sein. Es ist einfach, die Unzufriedenheit in unserem Leben zu unterdrücken und zu versuchen, den Auswirkungen der Einsamkeit oder Enttäuschung zu entrinnen, indem wir die Droge der Hektik oder der übertriebenen Aktivitäten einwerfen. Doch alles, was wir dabei tun, ist, an den Symptomen herumzudoktern, statt die wirkliche Ursache der Krankheit anzugehen. Das ist ungefähr so, als ob man ein Aspirin schluckt, um Kopfschmerzen zu bekämpfen, die von einem Hirntumor verursacht werden. Mir ist zwar klar, dass ich hier ein wenig übertreibe, doch es erinnert mich an den Titel eines Buchs des amerikanischen Kulturbeobachters Neil Postman: »Wir amüsieren uns zu Tode«. Wir amüsieren uns zu Tode, um zu rechtfertigen, was wir machen, und geraten dabei in Gefahr zu vergessen, wer wir sind.

Ich hoffe, dass ein guter Arbeitgeber einen kranken Mitarbeiter genügend schätzt, um ihn nach Hause zu schicken, damit er wieder gesund wird. Und ich hoffe, dass ein guter Mitarbeiter seine Kollegen genügend schätzt, um sie keiner unnötigen Ansteckungsgefahr auszusetzen. Ich hoffe, dass die Texter dämlicher Werbesprüche schnell genug herausfinden, dass Menschen mehr als nur eine Speiche im Rad der Wirtschaft sind, dass Menschen viel wichtiger sind als die Spielchen, die sie häufig mitspielen, um ihren Job zu behalten.

Schließlich soll die Arbeit uns dienen und nicht umgekehrt. Oder habe ich da irgendwas übersehen?

34 Tränenströme

Vor einigen Jahren standen wir kurz vor der langen Fahrt nach Österreich, um dort mit Freunden den Urlaub zu verbringen. Bevor wir starteten, kaufte ich die (damals neue) CD »Pilgrim« von Eric Clapton. Als ich sie zum ersten Mal hörte, hätte ich fast geweint. Ich nahm sie auf Kassette auf und hörte sie mir in diesem Urlaub und auf den langen Fahrten durch Europa immer wieder an, bis die Kassette ausgeleiert war. Mein Lieblingssong auf diesem kostbaren Album heißt: »River of Tears« (Tränenstrom). Es ist ein wunderschönes und unvergessliches Lied, das unter die Haut geht. Die Musik und der Text erwecken jenes Gefühl der grenzenlosen Leere, die nur der Blues ausdrücken kann.

Ich kenne außer Eric Clapton keinen Musiker, der die Gitarrennoten in der Luft hängen lassen kann, wo sie sehnsüchtig auf eine Antwort warten. Das ganze Lied wird entblättert und bloßgelegt. Es scheint, als würde allein die Musik große leere Räume ausfüllen, die geringere Musiker als er mit irgendwas Elektronischem voll stopfen würden. Doch Clapton zwingt uns, mit der Leere zu leben, mit dem Erleben des Tränenstroms. Und damit erweist er uns einen ganz großen Dienst. Er lässt uns weder vor der Leere und Einsamkeit davonlaufen noch sie mit Krach ausfüllen. Wir werden von der Schönheit und dem Grauen des Wunsches, bei ihm zu bleiben, verzaubert und verspüren eine tiefe Sehnsucht nach einer vagen Hoffnung.

Sie könnten nun denken, dass ich hier ein wenig in Depression und Trauer schwelge. Aber auch wenn ich mich heute nicht besonders schlecht fühle, gibt es viele Leute, die morgens mit der Angst aufwachen, was der Tag ihnen bescheren könnte. Die meisten Menschen stopfen ihre Zeit mit Aktivitäten voll, die keinen Raum für Nachdenklichkeit oder die Empfindung von Leere lassen. Andere wiederum können sich nicht entziehen. Und sie sind es, die sich mit Claptons Lied identifizieren können.

Das Tolle an Bluessongs wie diesem ist die Tatsache, dass sie keine leichte und billige Lösung zu bieten haben. Man kriegt am Schluss keinen letzten Vers, in dem alles plötzlich wieder in Ordnung kommt. Ich jedenfalls bin froh darüber! Schließlich bin ich aus den Psalmen des Alten Testaments an genau das gewöhnt. Manche Leute glauben, dass die Bibel und insbesondere die Psalmen des Alten Testaments Menschen in Not seichten und oberflächlichen religiösen Trost bieten. Unsinn! Schauen Sie mal, was Sie dort finden, wenn Sie sie lesen! Wahre Dichter, die das wahre Leben schildern, ohne einfache Lösungen für die Dilemmas und Erfahrungen, von denen wir Menschen nicht verschont bleiben. Keine trügerischen, jedoch verlockenden Illusionen. Keine falschen Hoffnungen – noch nicht einmal falsche Hoffnungen des religiösen Glaubens. Kein Wunschdenken. Das einzige, was die Psalmisten uns zu bieten haben, ist, dass Gott der Schöpfer, der sein Volk liebt, es nicht verlassen wird. Und dass er ihm weder Leben noch Tod, weder Freude noch Leid erspart. Der Beweis dafür ist ein Mann, der ans Kreuz genagelt wurde und ruft: »This is how far I will go for you / seht, wie weit ich für euch gehe.« Er nimmt noch nicht einmal sich selbst davon aus!

Vielleicht haben die Psalmisten den Blues ja erfunden, ohne es zu merken. Wenn sie ausriefen: »How long, O Lord …? (Wie lange, O Herr …?)«, dann floss garantiert der Tränenstrom. Und dreitausend Jahre später ist Clapton in diesen Fluss aus Tränen eingetaucht. Und vielleicht hat er denselben Widerhall in der Luft gespürt, das Echo des göttlichen Geflüsters in der Leere: »Ich bin hier. Und ich werde dich nicht

verlassen.« Sogar der Tränenstrom findet irgendwann den Weg ins offene Meer.

35 Ein herrlicher Tag

Viele von uns waren sehr erleichtert, als U2, die größte Rockband der Welt, die Haltung der 1990er Jahre ablegte und guter Musik einen herrlichen Sonnenaufgang bereitete. Tatsache ist, dass ihr Song: »Beautiful Day« ein Hit wurde und die Vergehen an der Popmusik wiedergutmachte – bevor er das Themenlied für die ITV-Fußballreportage wurde. Das Lied ist eine originelle und starke Bejahung des Lebens und seiner Vielfältigkeit. Es badet in der Wärme des Augenblicks und sieht das Leben als ein Geschenk an, das man genießen und erleben soll.

Okay, es ist ein tolles Lied, und man kann leicht zuviel hinein interpretieren. Aber das Thema schlägt bei vielen von uns eine Saite an – vielleicht weil die meisten von uns heute in der Hoffnung auf ein besseres Morgen leben. Wir arbeiten heute hart, damit wir morgen frei haben können, doch wir arbeiten so hart, dass wir zu müde sind, das Morgen zu genießen, wenn es endlich da ist. Unser Lebensstil birgt eine ganz reale Gefahr, die starke Wirklichkeit und Schönheit der Gegenwart zu verpassen, weil wir uns so darauf konzentrieren, was später kommen könnte. »Mach die Augen auf!«, fordert Bono in einem Lied auf. »Betrachte die Farben, die jetzt strahlen – denn sie werden nie wiederkommen.«

Sein Lied lädt dazu ein, sich von anderen Menschen berühren zu lassen, von ihnen zu lernen und sich ihnen zu öffnen, und genau das ist der Unterschied zwischen dem Genießen des Augenblicks und der Angst davor. Jean-Paul Sartre hat einmal gesagt: »Die Hölle, das sind die Anderen.« Na ja, er war schon immer ein elender Bettler, und man kann von einem Typ, der ein Buch mit dem Titel: »Der Ekel« geschrieben hat, auch nichts anderes erwarten! Aber genauso wahr ist, dass andere Menschen der Himmel sind –

oder vielmehr, dass man eine Ahnung davon erhält, wenn man den Mut hat, sich von anderen berühren zu lassen und sich ihnen zu öffnen. Der einfache menschliche Kontakt ist viel wichtiger, als den meisten von uns bewusst ist.

Ich werde nie vergessen, wie eine alte Frau in den Midlands zusammenzuckte, der ich begegnete und die Hand gab. Zuerst wunderte ich mich darüber und fragte mich, ob es ihr unangenehm war, von mir berührt zu werden. Doch dann stellte sich heraus, dass sie schon seit vielen Jahren von keinem Menschen mehr berührt worden war. Das Fehlen jeder Berührung, selbst wenn es nur ein Händedruck ist, vermittelt mit Sicherheit ein Gefühl starker Isolation und untergräbt das Selbstwertgefühl.

Es ist kein Zufall, dass die Evangelien beschreiben, wie Jesus gerade die Menschen berührte, deren Gesellschaft sie als wertlos und beschmutzt brandmarkte. Er gab den Frauen die Würde zurück, die von den Männern als beschmutzte Untermenschen angesehen wurden. Seine Berührung war genauso wichtig wie die Worte, die er dabei verwendete.

Was ich immer wieder lernen muss ist dies: Es fällt nicht schwer, andere zu berühren – aber es ist nicht leicht, ihre Berührung zuzulassen. Denn um sich den Berührungen anderer zu öffnen, bedarf es der Demut, des Aufgebens von Schutzmechanismen und der Bereitschaft, sich nicht hinter einer Maske zu verstecken. Und der Tag, an dem das passiert, ist wirklich ein herrlicher Tag.

DIE JAHRESRHYTHMEN

36 *Die Fastenzeit*

Einmal besuchte ich eine Tagung auf einer einsamen schottischen Insel. Die Reise von Bristol aus, die ich nach einem heftigen nächtlichen Gewitter machte, war unbeschreiblich. Halb Glasgow feierte eine Party im Zug, die die ganze Nacht dauerte, und wir verpassten jeden Anschlusszug. Ich war müde, fühlte mich elend und bereute, die Reise überhaupt angetreten zu haben. Als wir endlich ankamen, tröstete ich mich mit dem Gedanken, dass in der kommenden Woche mein Geist angeregt und mein Verstand erweitert würde. Ich freute mich auf neue theologische Herausforderungen und ernsthafte Diskussionen über Gott, das Leben und das Universum.
Sie können sich sicher mein Entsetzen vorstellen, als der Tagungsleiter die erste Sitzung mit den Worten einleitete: »Sie alle können sich zu gut mit Worten ausdrücken. Deswegen sind in den nächsten beiden Stunden keine Worte erlaubt. Stattdessen werden Sie in Bildern sprechen.« Dann forderte er uns auf, uns in kleine Gruppen zusammenzutun. Wir bekamen eine Schere, einen Klebestift, ein großes Blatt Papier und einen Stapel bunter Zeitschriften. Wir wurden angewiesen, eine Straße auf das Papier zu zeichnen. Danach sollten wir Bilder aus den Zeitschriften aufkleben und so unsere Reise durchs Leben darstellen. Ja genau – bunte Bilder, Klebstoff und eine Schere! Na toll.

Nun halte ich mich gewöhnlich für tolerant und offen für neue Erfahrungen. Doch mein erster verärgerter Gedanke war: »Was für eine Pleite! Jetzt habe ich eine so lange Reise gemacht und soviel Geld bezahlt ... und hier spielen wir Kindergarten.« Das einzige, wovor ich einen noch größeren Horror gehabt hätte, war, wenn jemand Rollenspiele vorgeschlagen hätte.

Widerstrebend fügte ich mich. Nach einer Weile fand ich Bilder, die die Schlüsselereignisse in meinem Leben darstellten, und ich klebte sie auf mein Blatt Papier. Wir wurden angeleitet, an jeden Punkt auf der Straße ein Kreuz einzuzeichnen, an dem wir das Gefühl gehabt hatten, dass Gott sich eingeschaltet hatte. Während ich in der Stille nachdachte und anfing, mehrere Kreuze einzuzeichnen, wurde mir auf eine ganz simple Weise das klar, was Worte und theologische Thesen nie so deutlich offenbart hätten: Nämlich dass sich Gott an all den Punkten in meinem Leben eingeschaltet hatte, an denen mir das Leben am schwierigsten vorkam und Gott am Entferntesten schien. Die leeren Orte, denen ich in meiner Sterblichkeit nicht entfliehen konnte, waren die Stellen, an denen ich Gottes sanfte Gegenwart gespürt hatte. Während ich die Quellen des Schutzes, hinter denen ich mich verstecken konnte, entbehren musste, spürte ich die Liebe des Gottes, der mich erschaffen hat, geliebt hat und versprochen hat, mich nie zu verlassen.

Der Gedanke, der Insel zu entfliehen, war zwar verlockend. Doch wenn ich geflüchtet wäre, hätte ich die Erfahrung, mit der Leere zu leben und die Gegenwart Gottes in der Wüste zu entdecken, versäumt. Diese Erfahrung war nicht bequem, aber sie war auch nicht einmalig. Das Ergebnis war, dass ich lernen musste, die Bibel anders zu deuten und seitdem weiß, dass das Erlebnis des Rückzugs in die

Wüste für das Volk Gottes lebenswichtig ist. Angefangen bei den befreiten Israeliten, die vierzig Jahre in der Wüste Sinai verbrachten, über Juden im Exil, die immer wieder aus ihrem Land und der Sicherheit der »Heimat« vertrieben wurden, bis hin zu Jesus, der, »vom Geist« nach seiner Taufe in die Wildnis geführt wurde, um getestet zu werden, kann der Ort der Prüfung und des Rückzugs nicht umgangen werden. Es scheint immer ausgerechnet in der Wüste zu sein, wenn jeder Schutz uns genommen wird und wir weder davonlaufen noch uns verstecken können, wo wir die Gegenwart Gottes wieder entdecken.

Wenn der Herbst eine Botschaft enthält, dann sicher diese: Dass die Lektion des Wüstenerlebnisses, auch wenn sie nie eine willkommene Erfahrung ist, doch immer eine fruchtbare ist. Wir müssen sie nur aushalten und nicht in Versuchung geraten davonzulaufen.

37 Ostern

Auf einer Reise in den Nahen Osten im Oktober 2002 besuchte ich zusammen mit einer Gruppe einige Religionsführer in Jerusalem. Unser Terminplan war eng, und wir konnten daher nur wenig Zeit mit ihnen verbringen. Ihre Berichte hätten mehr Aufmerksamkeit von uns Außenstehenden verdient, und die kurzen Bruchstücke der Geschichten von den unerträglichen Leiden, die die verschiedenen Gemeinden im letzten Jahrhundert erdulden mussten, überwältigten uns. Nach einem dieser Besuche gingen wir auf einer schmalen Gasse den Hügel hinunter; dabei wurden wir von bewaffneten Soldaten eskortiert. Die Gasse war die Via Dolorosa, der Weg des Kreuzes, die Straße, auf der Jesus zu seiner Kreuzigung ging. Sie war menschenleer und eine stumme Zeugin des traurigen Leids des palästinensischen Volkes, das in seiner eigenen Heimat gefangen gehalten wird.

Als Jesus durch diese Gasse ging, war er nicht allein. Auch er hatte bewaffnete Wärter neben sich. Doch im Gegensatz zu unserer Eskorte durch die Gasse hatten seine Wärter den Auftrag, ihn lebendig und in einem Stück an den Ort zu bringen, an dem er gnadenlos zu Tode gefoltert werden würde. Die Leute, die versprochen hatten, ihn auf seinem Weg zu begleiten, hatten ihn trotz ihrer mutigen Worte und ihres guten Willens längst seinem eigenen Schicksal überlassen. Auch sie unterlagen der Militärbesetzung und wussten, wie gefährlich es war, sich den Autoritäten zu widersetzen. Nach der Hinrichtung ihres Rabbiners versteckten sie sich ängstlich und weinten um ihre Welt, die mit ihm zusammengebrochen war. Es gibt Leute, die wollen am liebsten von dieser Szene direkt zur Wiederauferstehung springen, die ein paar Tage später stattfand. Irgendwie haben sie das Gefühl, dass sich der ganze Schmerz und die ganze Unsicherheit vermeiden lassen und wir uns darauf beschränken können, wie ehemals ängstliche Menschen sich in große und starke Evangelisten und Glaubensführer verwandeln können. Ich habe den Versuch, um es vorsichtig auszudrücken, aufgegeben: Diese Sichtweise ist gefährlicher Unsinn.

Jesus hat seine Hochachtung immer den »unpassenden« Leuten geschenkt. In einer patriarchalischen Kultur, in der den Frauen nur ein geringer Wert zugesprochen wird, sind es die Frauen, die Jesus bis zum bitteren Ende treu bleiben. Es sind die Frauen mit zweifelhaftem Ruf, es ist Maria Magdalena, die als erste dem auferstandenen Christus im Garten begegnet. Und es ist Petrus, dessen Name man im Englischen mit »Rocky / Wankelmut« übersetzen könnte und dessen Ruf, nachdem er Jesus am meisten im Stich gelassen hat, sanft wieder hergestellt wird. Während er am Strand entlang geht – wo er arbeitet und wo er seine erste Begegnung mit Jesus hatte –, hat er seine Illusionen über seine Unabhängigkeit abgelegt und ist nun fähig, Jesus offen und ohne Anmaßung oder Narzissmus zu lieben.

Wir täten gut daran, der Versuchung zu widerstehen, von Karfreitag sofort zum Ostersonntag zu springen. Wir müssen lernen, mit der entsetzlichen Leere des Samstags zu leben, bevor wir die verwirrte Freude des Sonntags begreifen können. Und wir werden die Stärke dieses mächtigen Ereignisses besser erkennen, wenn wir entweder zu denen stehen, die Jesus bis zum Schluss gefolgt sind, oder zu jenen, die versagt haben. Wenn die Ostergeschichte etwas ausdrückt, dann ist es diese simple Wahrheit: Unsere Fehler überraschen Gott nicht – aber er macht es sich zum Job, sie auszugleichen. Diese Freiheit bezahlen wir damit, indem wir unsere Illusionen über Gott, die Welt und uns selbst aufgeben.

Und wenn das auf Einzelne zutrifft, dann trifft es mit Sicherheit auch auf die gebrochenen Gemeinden in Jerusalem zu, die sich nach dem Sonntag der Wiederauferstehung sehnen, aber immer noch unter der Leere des Samstags leiden.

38   Pfingstüberraschung

Darf ich Ihnen eine persönliche Frage stellen? Haben Sie je daran gedacht, Nonne zu werden? Nein? Ich auch nicht. Ich dachte früher sogar, Nonnen und Mönche seien Leute, die mit der realen Welt nicht zurechtkommen und sich deshalb in eine private Welt der Religion zurückziehen, in der sie den starken Versuchungen, dem der Rest der Welt ausgesetzt ist, nicht zu widerstehen brauchen. Äh ... ich habe mich geirrt. Wenn überhaupt, dann ist wohl das Gegenteil wahr. Entledigen Sie sich mal all Ihrer irdischen Besitztümer, lassen Sie sämtliche Aktivitäten des Lebens hinter sich und leben Sie allein und ohne Ablenkungen mit sich selbst – und sehen Sie mal, ob das einfach ist. Es gibt kein Entrinnen: Stattdessen konfrontiert es einen mit sich selbst, mit seinen Ängsten und Zweifeln, ohne einen Ort, an dem man sich davor verstecken könnte.

Und trotzdem entschließen sich viele Leute heutzutage dazu, sich an einen solchen Ort zurückzuziehen. Das Geschäft mit dem Rückzug ist voll im Trend, vielleicht weil die Menschen sich von den Forderungen gefangen fühlen, die das moderne Leben an sie stellt, und sich nach Ruhe und Frieden und der Möglichkeit sehnen, sich ihrem inneren Leben, ihrer Seele zu widmen.

Als Geistlicher muss ich zugeben, dass die Kirche meiner Meinung nach den Sinn ihrer eigenen großen Feste manchmal vergisst. Oder sich allenfalls so sehr auf einen oder zwei offensichtliche Punkte konzentriert, dass die anderen wichtigen Dinge ignoriert oder vernachlässigt werden. Pfingstsonntag ist ein gutes Beispiel dafür. Das ist der Tag, an dem wir die Ankunft des Heiligen Geists bei den Jüngern Jesu feiern. Nach der Kreuzigung und Auferstehung versteckten sich Jesus' Freunde. Sie zogen sich von der

Gesellschaft, die ihren Freund und Anführer ermordet hatte, zurück und versuchten, in all dem, was sie erlebt hatten, einen Sinn zu erkennen. Sie brauchten diese Zeit, um mit ihren Erinnerungen zu leben und zu versuchen, die seltsamen Dinge zu verarbeiten, die sie miterlebt hatten. Dies ließ sich nicht in einer raschen Kaffeepause zwischen Meetings erledigen. Sie brauchten Zeit und Raum, sie mussten zusammen sein und allein sein.

Als Pfingsten kam, schien das gesamte Bild endlich einen Sinn zu ergeben. Sie hatten es kapiert, der Groschen war gefallen, und jetzt waren sie buchstäblich angefeuert, ein neues Leben mit einem neuen Drang und einer neuen Aufgabe anzufangen. Leute, die nur wenige Tage und Wochen davor um ihr Leben gebangt hatten, gingen nun offen auf die Straße, um über die Ereignisse zu sprechen und zu erklären, was sie zu bedeuten hatten. Aber ich frage mich, ob all das hätte passieren können, wenn vorher kein Rückzug stattgefunden hätte, der ihnen den Raum und die Zeit gegeben hatte, zu verstehen, was ihnen und um sie herum geschehen war. Ich vermute eher nicht.

Daher ist es meines Erachtens nicht fair, Petrus und Co. für ihren neuen Mut anzuprangern, die gute Nachricht über Jesus in den Straßen zu predigen, wenn man nicht vorher mit ihnen in der Kammer gelebt hat, wo sie sich zuerst versteckt hielten und später beteten. Mit anderen Worten: Man kann nicht offen mutig sein, ohne vorher der Angst und der Notwendigkeit, sich zu verstecken, ausgeliefert worden zu sein.

Es braucht Mut, sich von einem Lebensstil hektischer Herausforderungen zurückzuziehen. Es ist nicht leicht, einen Strich zu ziehen und zu sagen: »Ich gehe ein paar Tage weg, um ruhig zu sein – sogar still zu sein.« Für manche Leute klingt es sogar wie das Schlimmste, was sie sich auf der Welt vorstellen können! Aber es lohnt sich. Denn gerade in der Stille und Einsamkeit kann man die Wahrheit über »sich« herausfinden. Hier kann man der Wahrheit nicht mehr entfliehen. Nur durch einen Rückzug können wir uns wie ein kluges Heer wieder neu versammeln, unsere Lektionen lernen und uns wirksam in der Welt, in der wir leben, engagieren.

Deswegen stimme ich in den Ruf ein: »Haltet die Welt an, ich will abspringen!« Aber nur um später wieder aufzuspringen – mit klarer Sicht und lebendiger als je zuvor.

39   Erntedank

Manche Dinge kleben in der Erinnerung so zäh wie
ein alter Kaugummi unter einem Stuhl. Ich weiß
noch, wie ich als Kind in Liverpool in der Schule und
Kirche Erntedanklieder gesungen habe und mich
dabei gefragt habe, was das sollte. Im September oder
Oktober sangen wir mit kräftiger Stimme: »We
plough the fields and scatter the good seed on the
land.«/»Wir pflügen die Felder und streuen die Samenkörner aufs Land.« Das war zwar okay, nur haben
wir keine Felder gepflügt und keine Samenkörner
aufs Land gestreut. Zumindest nicht bei uns in
Liverpool.

Deshalb waren mir diese Lieder fremd. Die Verbindung zwischen dem, was ich aß, und dem Land, das
mein Essen produzierte, war schon damals vage und
weit weg. Ich hatte keine Ahnung, wo die Bananen
herkamen – außer aus dem Supermarkt. In den letzten Jahren hatten unsere Bauern eine noch nie zuvor
erlebte Krise, in der höhere Lebensmittelpreise den-
jenigen, die diese herstellen, scheinbar immer weniger Gewinn einbringen. Es wirkt ironisch, Erntedanklieder zu singen und dann im Supermarkt so
wenig wie möglich für unsere Nahrung zu bezahlen,
egal wo sie herkommt und wer sie angepflanzt oder
produziert hat.

Das Zweite, was mich beunruhigt, ist die Nostalgie,
die mit der Erntezeit einhergeht. Uns gefällt zwar die
Vorstellung, den Boden zu bestellen; aber in der heutigen Zeit können wir so weit weg vom Land leben,
dass die Kontrolle der landwirtschaftlichen Produkte
und ihre Produktion für uns irrelevant geworden
sind. Es wird uns ermöglicht, auf eine Weise zu
leben, in der die Konfrontation mit der menschlichen
Sterblichkeit, der so viele der Erzeuger unserer Nah-
rungsmittel jeden Tag ausgeliefert sind, vermieden

wird. Das Leben ist eine unsichere Angelegenheit; wir können heute reich sein und morgen alles verlieren. Heute ein Festessen, nächste Woche hungern. Wenn das Erntedankfest uns etwas sagen will, dann ist es sicherlich der Fingerzeig über die Plastikbehälter der menschlichen Cleverness hinaus auf unsere Abhängigkeit von Gott und voneinander.

Vor kurzem starb ein guter Freund von mir an Krebs. Er war ein bemerkenswerter Mensch, der jetzt schmerzlich vermisst wird. John war ein Geschäftsmann voller Energie und Visionen, der sich wohltätig engagierte und aus den Menschen und Gemeinden das Beste herausgeholt hat. Bei seiner Beerdigung konnte ich auf die aufrichtige Integrität seines Lebens eingehen, in dem er zwei wichtige Perspektiven verwirklicht hatte: erstens, dass das Leben im Grunde ein Geschenk ist, und zweitens, dass wir eine moralische Verantwortung haben, unsere Begabungen und Möglichkeiten für den größtmöglichen Nutzen aller einzusetzen. Ich glaube, diese Grundeinstellung zum Leben hat mit dem Erntedankfest zu tun, bei dem die Erde als ein Geschenk gefeiert wird, das Gott erschaffen hat, das ihm gehört und von ihm erhalten wird. Und wir sind die Verteiler dieses Geschenks. Unsere Aufgabe ist es, den Boden klug zu bestellen und seine Erträge gerecht zu verteilen.

In einer Supermarktwelt, die in Plastikfolie eingepackt ist, bringt uns das Erntedankfest dazu, unsere Habgier – mitunter widerstrebend – zuzugeben. Es bringt uns dazu, einzugestehen, dass das, was wir als unser Recht beanspruchen, in Wirklichkeit ein Geschenk und eine Verantwortung ist. Das Erntedankfest ist der Lautsprecher für die Verkündung des Psalmisten: »The Earth is the Lord's and everything in it!«

Und wenn ich jetzt gehe, um meine Cornflakes zu essen, dann sollte ich wenigstens die Aufschrift auf der Packung lesen und Gott für all diejenigen danken, die gepflanzt, geerntet, verpackt, transportiert und sie mir verkauft haben. Und außerdem danke ich Gott dafür, dass mir Cornflakes statt Backpflaumen vorgesetzt werden.

40   Erinnert euch

November ist in England ein komischer Monat. Man wird ständig daran erinnert, sich zu erinnern und nicht zu vergessen. Zuerst gibt es Bonfire Night, die immer lustig ist, trotz der vergessenen Tatsache, dass man in ihr ursprünglich die Hinrichtung eines Katholiken durch Protestanten in England feierte. Dann kommt der Remembrance Day und mit ihm die vielen Streitereien, wie er gefeiert oder auch nicht gefeiert werden sollte. Und im christlichen Kalender geht beiden Feiertagen Allerheiligen voraus, an dem wir der geliebten Menschen gedenken, die gestorben sind. Man kann zwar Ostern romantisieren und Weihnachten sentimentalisieren, aber den November kann man kaum neutralisieren.

Doch das führt mich zu einer wichtigen Frage. Wenn man sein Gedächtnis verliert, wie weiß man dann, wer man ist? Ich habe im Radio Dokumentarberichte über Menschen gehört, deren Erinnerungsvermögen durch eine Krankheit angegriffen worden ist oder die ihr Gedächtnis verloren haben und nicht mehr wissen, wer sie sind. Wenn Sie sich den Film: »Total Recall – Die totale Erinnerung« mit Arnold Schwarzenegger ansehen, werden Sie mit genau dieser Frage konfrontiert: Was ist die Verbindung zwischen Erinnerung und Identität? Der Schriftsteller Laurens van der Post drückte genau dasselbe aus, als er schrieb, dass man kein Leben leben kann, wenn man keine Geschichte zu erzählen hat. Die Erinnerung ist ein ganz wichtiger Teil dessen, wer wir sind. Sich daran zu erinnern, woher wir kommen, ist daher notwendig um zu verstehen, wohin wir gehen könnten.

Vor einiger Zeit sah ich einen Dokumentarfilm über einen professionellen Musiker, der unter einer gefährlichen Hirnentzündung litt. Obwohl er die Krankheit überlebt hat, verlor er fast sein ganzes Gedächtnis. Er kann sich nur noch an die vergangene Viertelstunde erinnern. Er ist gezwungen, in einem Heim zu leben. Er verbringt seinen Alltag damit, sich alles, was er macht und jeden, dem er begegnet, zu notieren, damit er seine Notizen lesen kann und weiß, wer er ist. Er hat keine Ahnung von seiner Identität. Er erkennt weder seine Frau noch seine Familie. Er weiß weder, wer er ist, noch wo er ist, und er weiß nichts über seine Vergangenheit. Seine Geschichte ist tragisch.

Vielleicht ist das der Grund, warum wir den Remembrance Day erfinden müssten, wenn es ihn nicht schon gäbe – oder zumindest einen ähnlichen Feiertag. Denn wenn wir nicht wissen, woher wir kommen, können wir auch nicht wissen, warum wir so sind, wie wir sind. Und das ist für Individuen, Familien und Gemeinden genauso wichtig wie für Länder. Tatsächlich sagte mir jemand einmal, das Problem in Nordirland oder dem Nahen Osten sei nicht, dass die Bevölkerung sich an zu wenig erinnern kann, sondern dass sie sich an zuviel erinnert. Doch in Wahrheit sind alle Erinnerungen selektiv und unterstützen die Geschichte, die wir über uns und unser Erbe glauben wollen – vor allem, wenn uns wehgetan wurde.

Doch wir können nicht vor der Verantwortung, wie wir mit unseren Erinnerungen umgehen sollen, davonlaufen. Es ist sicher eine große Heuchelei, zwei stille Gedenkminuten einzulegen, wenn das eigene Leben und die eigenen Beziehungen von der Wut, der Selbstsucht oder Gier geprägt sind, die auf ganze Länder übertragen zu Konflikten und Kriegen führen. Jesus ermahnte seine Freunde, bevor sie dafür beteten, dass Gottes Reich der Gerechtigkeit kommen solle, sie mögen Gott zuerst darum bitten, sie selber zu ändern. Gerechtigkeit und Frieden fängt bei mir selber an, nicht bei der Regierung.

Der Remembrance Day fordert uns dazu auf, uns daran zu erinnern, woher wir kommen. Er fordert uns auf, uns aufrichtig mit menschlicher Gier und unserem Verlangen nach Macht und Sicherheit auseinanderzusetzen. Er ruft uns auf, der selektiven Erinnerung oder Romantisierung unserer Geschichte zu widerstehen. Lassen Sie es mich so ausdrücken: Jeder von uns muss sich entweder für den Weg der Gerechtigkeit und des Friedens entscheiden – oder mit eisiger Kälte und einer zerbrochenen Gemeinschaft leben. Wir können es uns aussuchen – oder haben Sie das etwa vergessen?

41 Weihnachtslieder

Vom Himmel hoch, da komm ich her

Sie zeigen sich auf allen möglichen und unmöglichen Weihnachtskarten. Man verwechselt sie gern mit Feen. Sogar Robbie Williams hat sich dazu verführen lassen, die Charts mit einem Song über sie zu erklimmen. Und Sie können Ihre Weihnachtsgans verwetten, dass auf der Spitze eines jeden Weihnachtsbaums, der was auf sich hält, einer von ihnen steckt. Ich meine die Engel.

Wenn Sie nun in einen Pub gehen und den Leuten an der Bar verkünden, gerade eine Begegnung mit einem Engel gehabt zu haben, so vermute ich jedoch, dass sich das Lokal entweder ganz rasch leert oder Sie sehr schnell hinausbefördert werden. Wer Engel erwähnt, wird sofort dem Lalaland zugeordnet, in dem alle möglichen imaginären Freunde herbeigezaubert werden können.

Was sollen wir also mit der Weihnachtsgeschichte machen, in der die Engel auftauchen? Sollen wir uns sagen, dass es halt ein hübscher Zaubergag für kleine Kinder ist? Oder sollten die Engel uns ein bisschen peinlich sein – so wie es uns peinlich ist, wenn wir daran erinnert werden, dass wir früher mal in Schlaghosen herumgelaufen sind und David Cassidy Spitze fanden?

Nun ja, ich glaube, wir sollten ein bisschen mehr wagen. Wir sollten uns fragen, welche Rolle diese merkwürdigen Geschöpfe in den Geschichten über Weihnachten spielen, die wir in den Evangelien finden. Schließlich handelt es sich bei diesen engelhaften Wesen nicht um Gespenster in weißen Nachthemden, die in der Luft schweben und uns auffordern, nett zueinander zu sein. Nein. In Wirklichkeit machen sie ganz peinliche Sachen. Sie erscheinen einer

Jugendlichen, die kurz vor der Schwangerschaft steht, und überbringen ihr eine Nachricht, die die meisten von uns als nicht willkommen – oder sogar als schlecht – ansehen würden. Und nur für den Fall, dass sie in Versuchung gerät, so zu tun, als sei nichts passiert, erscheinen sie auch ihrem Verlobten und drücken ihm die schlechte Neuigkeit aufs Auge. Später stören sie ein paar Hirten in den Hügeln bei der Nachtschicht und laden sie dazu ein, herunter ins Tal zu kommen, damit ihre Sicht der Welt in Gegenwart eines Neugeborenen auf den Kopf gestellt werden kann.

Ich finde es auch lustig, dass Gott nicht die kultivierten Zeitgenossen von damals unterhalten hat, sondern den besten Chor des Jenseits statt zu den Freunden der Jerusalemer Philharmonie ausgerechnet zu diesen Vertretern der ungebildeten und ungewaschenen Menschheit geschickt hat.

Und das ist die überraschende Aufgabe der Engel in der Weihnachtsgeschichte. Sie überbringen ordentlichen Leuten außerordentlich beunruhigende Nachrichten. Sie ziehen den Vorhang der realen Welt auf und öffnen den Arbeitern eine Vision vom Himmel. Und sie sorgen für Krach und Unruhe, während sie Menschen, die bereit sind, sich von ihrem Hügel zu erheben und sich hinunter in einen Stall zu begeben, gute Neuigkeiten überbringen. Die schlechte Nachricht von heute wird bald und unverhofft eine gute Nachricht für die ganze Welt ins Leben rufen. Das ist alles. Engel überbringen bloß die Neuigkeiten, öffnen uns die Augen, schmeißen eine Party und verschwinden wieder. Was wir daraus machen, überlassen sie uns.

So, und jetzt versuchen Sie mal, es so in einem Pub zu erklären … Sie werden sehen, wie die Fee geschockt vom Weihnachtsbaum fällt!

Kommet, Ihr Hirten

Ich weiß zwar nicht, wie es Ihnen geht, aber Schafe reißen mich nicht gerade vom Hocker. Sie blöken, bekommen ein wolliges Fell und hinterlassen in den Hügeln überall olivenartige Dinger. Als Stofftiere mit einem Bauch aus Watte mögen sie ja süß sein, aber als Haustiere kann ich nichts mit ihnen anfangen.

Ich weiß, dass dies ein paar Leute wütend machen kann, die sich mit Schafen besser auskennen als ich. Aber es kann doch nicht allzu spannend sein, Schafe zu hüten, oder? Ich habe keine Ahnung, wie Schäfer sich die Zeit vertreiben. Und bevor alle Frühaufsteher und Schafliebhaber in Großbritannien und anderswo mich des schamlosen Rufmords beschuldigen, gebe ich lieber meine Unkenntnisse und mein skandalös mangelhaftes Interesse an Schafen offen zu.

Warum rede ich dann über sie? Ganz einfach deshalb, weil sie in der Weihnachtsgeschichte vorkommen, die in diesem Monat im ganzen Land geübt wird. Jedes Kind, das im Krippenspiel der Grundschule keine Hauptrolle bekommt, erhält die Nebenrolle eines Schafs, das von einem schüchternen und unsicheren Schäfer gehütet wird. Und an dieser Stelle muss ich zugeben, dass mich das beunruhigt. Krippenspiele und Weihnachtsgeschichtenbücher für Kinder säubern die Weihnachtsgeschichte und räumen sie auf. Sie wird zu einer verharmlosten Erzählung von langweiligen Protagonisten, die sich Handtücher um den Kopf gewickelt haben und die ohne eigene Persönlichkeit unbeeindruckt von den extravaganten Visionen und dem Auftauchen Gottes herumstehen.

Es waren immer die Schäfer, die mich vom Hocker gerissen haben. Sie sitzen gemütlich auf dem Hügel und kümmern sich um ihre eigenen Angelegenheiten, genießen oder ertragen ihr hartes Leben, das von wenigen aufregenden Ereignissen unterbrochen wird. Sie werden von der höheren Gesellschaft als schmutzige, rüde und plumpe Proleten der Sklavenschicht angesehen. Und dennoch wird die Routine ihrer Nachtarbeit in den Hügeln von einem Gott, der voller Überraschungen ist, unterbrochen. Und das alltägliche Leben dieser hart arbeitenden Männer wird auf eine höchst unerwartete Weise gestört.

Wenn Gott schon irgendwas Unerwartetes – oder sagen wir Tiefsinniges – vorhat, dann tut er das doch vor den Priestern und Heiligen, oder? Das ist jedenfalls das, was die Schäfer gedacht haben müssen. Gott interessiert sich für Leute, die Mitglieder des heiligen Clubs der Menschen sind, die »es richtig machen«. Aber dann richtet Gott der Schöpfer ein neues und erfrischendes Licht auf seine eigene Wesensart und seine Arbeitsmethode, indem er einen großen Chor aus Partyengeln aussendet, um die Schäfer dazu einzuladen, das Baby, das die Welt verändern wird, als erste zu begutachten. Sie sind soziale Außenseiter, Leute, die nicht so tun, als wären sie etwas Besseres, und die noch weniger erwarten, in ihrem Alltag Gott zu begegnen. Und trotzdem öffnet Gott ihnen die Augen für eine neue Wirklichkeit, eine neue Sicht der Welt, und lädt sie ein, die Stätte ihrer alten Begrenzungen zu verlassen und den Hügel hinunter in einen Stall zu gehen.

Vielleicht ist es kein allzu fantastischer Schritt, wenn ich davon ausgehe, dass Gott, wenn er sich in diesem wichtigsten Schlüsselmoment der Geschichte zuerst mit jenen Schäfern befasst, sich auch mit Ihnen und mir befasst. Nicht weil wir heilig wären oder genügend Sympathiepunkte gesammelt haben, sondern einfach nur deshalb, weil er uns ernster nimmt als wir uns selbst … und uns mehr liebt als wir uns selbst lieben. Wenn ich die Wahl zwischen den Priestern und den

Schäfern hätte, zwischen den Heiligen und den Ungewaschenen, den Fundamentalisten und den Stau-
nenden ... dann würde ich die Schäfer wählen. Trotz
der Schafe und Oliven.

Mitten im trüben Winter
(»Es ist ein Ros entsprungen«)

Ist es denn nicht schon traurig genug? Wir wurden von Gewittern und Schneestürmen heimgesucht. Das halbe Land hat eine Sintflut hinter sich. Und jetzt kommt Weihnachten, und wir sitzen herum und singen (»Mitten im trüben Winter«). Es reicht, um einen in ernsthafte Depressionen zu stürzen.

Mit »mitten im trüben Winter« hatte ich schon immer meine Probleme. Schon als Kind schöpfte ich den leisen Verdacht, dass der Verfasser den Faden verlor und dachte, Jesus sei im Januar während eines Schneesturms in den Mooren Yorkshires geboren. Herrschte in Bethlehem wirklich Winter? Hat es wirklich geschneit und geschneit und geschneit? War die Erde so hart wie Stahl? Oder war es bloß eine ganz gewöhnliche Nacht im Nahen Osten, in der nicht viel passierte, außer dass ein paar Engel vom Himmel herabgestiegen sind und angefangen haben zu singen? Haben sie sich denn gar nicht darum gekümmert, ob sie die Kinder aufwecken würden oder dass sich die Nachbarn beschweren könnten?

Ich erinnere mich jedoch noch daran, wie sich der tiefste Winter anfühlt. Ich meine nicht das Wetter, sondern meine Gefühle und die innere Erfahrung. Damals war ich ein junger Vikar in Kendal im Lake District, als ein Flugzeug über Lockerbie vom Himmel abstürzte. Dieses Erlebnis ein paar Tage später mit dem Erlebnis der Weihnachtsgeschichte zu verbinden war eine echte Herausforderung. Mehrere Jahre später, als ich Pfarrer einer Gemeinde in Leicestershire war, ging ich ins Krankenhaus, um eine Frau und ihre Kinder zu besuchen, die für das Leben ihres Mannes und Vaters beteten, der auf der Intensivstation lag. Er war von einem Auto überfahren worden, und die Hoffnung, dass er sich wieder erholen würde, schwankte. Am nächsten Tag – es war Heiligabend – kam sein Sohn zur Mitternachtsmesse in die Kirche, in der ich bei Kerzenlicht über die Realität des Weihnachtsfests predigte. Sein Vater starb am Morgen des ersten Weihnachtstags.

In solchen tiefsten Wintern des Lebens, wenn der Boden kalt und gefroren ist, und sich kein leichter Trost findet, kann Weihnachten wie die Flucht in eine oberflächliche und kitschige Welt erscheinen. Es kann unerträglich sentimental wirken und ein Gefühl der Langeweile und beängstigenden Leere vermitteln. Die Weihnachtsmusik in den Geschäften, die Tannenbäume, die ihre abgestorbenen Nadeln verlieren, sobald wir sie mit Lametta und Schokolade behängen, und sogar die Weihnachtslieder und feuchtfröhlichen Partys bestätigen den Traurigen und Trauernden nur allzu leicht, wie verlogen unser Leben ist. Weihnachten kann für die, denen es gut geht oder die der Wirklichkeit entfliehen wollen, etwas Besonderes sein. Doch Menschen, die mitten im tiefsten Winter stecken, bietet es keine Zuflucht.

Daher finde ich es toll, dass es bei Weihnachten um Gottes Überraschung geht. Es spricht davon, dass Gott zu uns kommt, wo immer wir sind, wo der Schmerz am stärksten und die Angst am größten ist. In dem Neugeborenen aus Bethlehem – wie immer das Wetter damals auch gewesen sein mag – sehen wir das verwundbare Gesicht eines Gottes, der alles für uns riskiert. Den Händen und Füßen dieses Säuglings werden eines Tages schreckliche Wunden zugefügt werden. Und dennoch, selbst dann, nachdem die Welt ihm das Schlimmste angetan hat, was man sich vorstellen kann, wird er drei Tage später dieselben Hände zu einer Umarmung öffnen und seine Auferstehung über der Weihnachtskrippe und dem Osterkreuz erstrahlen lassen.

Darin steckt keine Romantik. Bloß Hoffnung. Und brutale Realität. Und Gott unter uns.

Stille Nacht

Wem wollen sie so was erzählen? Erwarten die ernsthaft, wir würden das Zeug schlucken, das man uns in den Weihnachtsliedern vorgaukelt? Echt?
Ich meine »Stille Nacht, heilige Nacht«? In Israel? Warum wollen wir unbedingt glauben, die Nacht, in der Jesus geboren wurde, sei still oder besonders heilig gewesen? Irgendwie kommt mir das verdächtig vor. Ich vermute ein subtiles Komplott, einen schlauen Plan, für den die Verfasser der Weihnachtslieder sich zusammengerottet haben, um uns mit der Weihnachtsgeschichte so romantisch zu stimmen und einzulullen, dass wir ihre Botschaft verpassen. »Stille Nacht, heilige Nacht, alles schläft, einsam wacht ....« Tatsächlich?
Ich muss es ganz ehrlich sagen. Ich habe auch meine Probleme mit »Away in a manger«. »The little Lord Jesus no crying he makes.« Wie bitte?! Ein Baby, das nicht schreit? Das wäre mir neu. Das ist ein ziemlich unglaubliches Wunder, wenn Sie mich fragen!
Doch vielleicht beabsichtigten die Verfasser etwas damit. Vielleicht wollten sie nicht sagen, dass die Weihnachtsgeschichte unglaublich ist, sondern dass das Wunder, dass Gott auf die Erde kommt, überraschend leise vonstatten ging. Was ich damit sagen will, ist Folgendes: Wenn ich Gott wäre und beschließen würde, in die Welt zu kommen, die ich erschaffen hätte, um mitten unter diesen gewalttätigen und gierigen Wesen zu leben, die die Menschheit genannt werden, dann würde ich mit Pauken und Trompeten auf dem Planeten Erde landen. Dann gäbe es ein großes Tamtam, der Himmel würde sich öffnen, sämtliche Aktivitäten auf dieser Welt würden abrupt gestoppt werden, und es gäbe absolut keinen Zweifel daran, wer hier der Boss ist. Ich würde auf meinem Status thronen und mit ein bisschen Macht um mich werfen.

Auch Blitz und Donner würde es hageln.

Aber was macht Gott? Er kommt als einer von uns und wie einer von uns auf die Welt. Er wird in einer Zeit der astronomisch hohen Säuglingssterblichkeitsrate als Säugling geboren, und das im Hinterland eines unwirtlichen Gebiets, das vom römischen Reich besetzt ist. Er unterwirft sich Krankheit, Unfall, Unterdrückung und Ungerechtigkeit. Eines Tages wird das Holz seiner Krippe zum Holz seines Galgens. Seine junge Mutter, die schon Witwe ist, ist bei der Hinrichtung ihres Sohns dabei, und ihre verzweifelte Liebe bohrt ihr ins Herz wie ein Schwert. Bruce Cockburn hat es so ausgedrückt:

Wie ein Stein auf der Oberfläche eines stillen Stroms,
der für immer Wellen schlägt,
so schlägt die Auferstehung Wellen
auf der Oberfläche der Zeit
im Schrei eines winzigen Säuglings.

Gott bricht zwar in eine einsame und verwirrte Welt ein, doch er tut dies fast inkognito. Er nimmt seinen Platz unter uns ein und macht sich für alles, mit dem unser Leben ihn bewerfen kann, verwundbar. Keine Pauken und Trompeten. Kein Anspruch auf »Rechte« oder Macht. Er wird nur in der Stille der Nacht von einem jungen Mädchen in eine wunderschöne und zugleich beängstigende Welt geboren. Und indem er das tut, flüstert er in die Stille hinein: »Now you know I am for you; I am on your side.« / Jetzt wisst ihr, dass ich wegen euch gekommen bin; ich bin auf eurer Seite. Vielleicht brauche ich die Stille einer Nacht, um die Kraft dieser stillen Nacht zu begreifen.

Herbei, o ihr Gläubigen

»Herbei, o ihr Gläubigen, fröhlich triumphierend, o kommet, o kommet nach Bethlehem!« Nein danke – ich glaube, darauf verzichte ich lieber. Bethlehem? Wer will da schon hin? Es liegt irgendwo in der Pampa, und heute ist es ein Kampfgebiet im gottlosen Konflikt zwischen den Palästinensern und den Israelis. Sie können Bethlehem behalten; Ich bleibe lieber, wo ich bin.

Nun ja ... in gewisser Weise liege ich daneben. Die Aufforderung, nach Bethlehem zu kommen, bezieht sich eigentlich auf etwas ganz anderes. Sie scheint ein Aufruf zu sein, sich von Gott an einem überraschenden Ort überraschen zu lassen. Gott macht das öfter. In der Bibel nervt er die Leute immer wieder, indem er aufkreuzt, wo er nicht willkommen ist (wie zum Beispiel in den Machtkorridoren des Römischen Reichs). Im Evangelium spricht Jesus immer wieder mit den Falschen: mit Kollaborateuren, Krüppeln und Leuten mit ansteckenden Krankheiten, Prostituierten und fetten Katzen. Es wirkt peinlich, wie er sich ohne jede Diskriminierung die Leute aussucht, mit denen er herumhängt. Er berührt Menschen, denen man fern bleiben sollte, und hört Leuten zu, deren Geschichte jahrzehntelang nicht gehört worden ist.

Und ich glaube, an dieser Stelle fangen meine Probleme mit diesem Weihnachtslied an. Wer sind denn die »Gläubigen«, die dazu ermutigt werden, nach Bethlehem zu kommen? Und warum wird ihnen eine besondere Einladung geschickt? Wenn ich die Geschichte über Weihnachten in den Evangelien lese, erfahre ich, dass Gott ausgestoßene Schäfer dazu einlädt, blau zu machen, und Ausländer auffordert, einer fremden Familie symbolische Geschenke zu bringen. Es sind eher die ungläubigen Menschen, die herbei gewunken und herzlich empfangen werden.

Verstehen Sie mich nicht falsch. Ich will damit keineswegs behaupten, Christen wären nicht dazu eingeladen, Weihnachten zu feiern! Stattdessen glaube ich, wir sollten das Umfeld ein wenig erweitern und die Ungläubigen nach Bethlehem einladen, damit sie eine Party stürmen können, von der sie nichts gewusst haben. Vielleicht verbringen sie den ganzen Abend damit, sich zu fragen, wessen Party das eigentlich ist, für wen die Party eigentlich geschmissen wird, aber wahrscheinlich werden sie es herausfinden, bevor sie wieder gehen. Und vielleicht werden sie überrascht sein, wie willkommen sie sind, auch wenn sie sich zuerst wie Eindringlinge fühlen. Der Gott der Weihnachtsgeschichte hat sich liebevolle Überraschungen und Gags zur Gewohnheit gemacht, und er lädt jeden ein mitzufeiern, der bereit ist, dahin zu kommen, wo er ist.

Bethlehem mag nicht unbedingt der anziehendste Urlaubsort der Welt sein. Es ist ein Stall, in dem dieses bestimmte Ereignis stattfindet. Darin gibt es echten Dreck, echten Gestank, echte Menschen, echte Verwirrung und echte Unsicherheit. Er verspricht kein leichtes oder gesundes Leben. Er gibt keine Garantie für einen komfortablen Lebensstil. Er bietet keine Sicherheiten und keine Vollkasko. Tatsächlich wird der Gastgeber dieser einfachen Unterkunft eines Tages erleben, dass Gastlichkeit karg ist und dass er für seine Lebensfreude und seinen Glauben ans Kreuz genagelt wird.

Aber egal, ob ich mich nun für gläubig oder nichtgläubig halte – er schaut mir in die Augen und lädt mich dazu ein, mich auf Weihnachten vorzubereiten, um den Gott unter uns zu feiern. Also, ihr Leute, kommet nach Bethlehem, ihr, die ihr neugierig darauf seid, was an Weihnachten wirklich passiert. Und lasst euch überraschen.

Und … na ja … schreibt das Weihnachtslied um …

42   Ein frohes Neues Jahr

Ich weiß schon: Sie werden mich für einen Spielverderber halten, aber während ich Anfang Dezember
Weihnachtskarten schrieb, fing ich an, mich zu fragen, warum wir einander eigentlich ein frohes Neues
Jahr wünschen. Was ich sagen will – ist das das Beste,
was wir uns für den anderen erhoffen können? Was
meinen wir mit »froh«? Wie würde ein »frohes« Jahr
aussehen? Was müsste passieren, um es ein »frohes«
neues Jahr werden zu lassen?

Die amerikanische Verfassung verfügt ohne eine Spur
von Ironie, dass alle Menschen ein Grundrecht auf
das Streben nach Glück haben. Aber sie definiert nir-
gendwo, was Glück ist oder wie man es erkennen
kann, wenn man es erreicht hat. Gut, nennen Sie
mich einen Spielverderber, aber ich finde, Glück
reicht nicht. Ich glaube nicht, dass es das Beste ist,
was man jemandem wünschen kann. Mein persönli-
ches Glück ist nicht das Größte, und mein Streben
danach rechtfertigt kein selbstsüchtiges Verhalten.
Glück ist toll, wenn man es erreicht, aber es gibt im
Leben mehr als nur das nette Gefühl der Zufrieden-
heit. Martin Luther King hat gesagt: »A man does
not have anything to live for until he has found so-
mething worth dying for.« Und Sterben ist schließlich nicht etwas, was bei den meisten Leuten ganz
oben auf der Wunschliste der Dinge steht, die einen
glücklich machen.

Ein Großteil der Menschen, die im letzten Jahrhundert oder so auf unserer Erde gelebt haben, hat
Grausamkeit, Verlust, Krieg, Armut, Schulden,
Krankheit und noch Schlimmeres erlebt. Doch in
diesen Erfahrungen haben viele auch Erfüllung, Sinn
und Hoffnung gefunden. Unter Umständen, die
scheinbar eine Garantie für Unglück sind, haben sie
das Leben in einer anderen Dimension erlebt.

Unser Kalender datiert auf einen Mann zurück, der nicht nur unserem Kalender seine Form verleiht, sondern der auch unserem Leben Sinn gibt. Jesus Christus bot das »Leben in seiner ganzen Fülle / life in all its fulness.« Doch er hat die Menschen nie zu Illusionen von Glück verleitet. Stattdessen hat er ihnen versprochen, dass sie wahrscheinlich einem Kreuz gegenüberstehen würden, wenn sie mit ihm gingen. Für ihn und seine Freunde gab es im Leben wichtigere Dinge als nur Glück: zum Beispiel den Glauben und teuer bezahlte Liebe. Er hat nie verherrlicht oder jemanden dazu ermutigt, mit Illusionen über sich oder die Welt zu leben. Und im Widerhall der Harmonie von Tod und Auferstehung hat er in den zweitausend Jahren seine Botschaft nicht verändert.

Deshalb können wir uns nun, während das alte Jahr zu Ende geht und die Zukunft sich auftut und uns allen eine neue Chance bietet, versammeln und im Namen dieses Jesus Christus einen neuen Neujahrswunsch äußern:

Möge es
Respekt für die Erde
Friede für ihre Völker
Liebe in unserem Leben
Freude über das Gute
Vergebung für vergangene Sünden
Und von nun an einen neuen Anfang geben.

Gestatten Sie mir, Ihnen mehr als ein frohes neues Jahr zu wünschen!

Petra Bahr

promovierte Theologin, Studium der Philosophie und Literaturwissenschaften, ausgebildete Journalistin, ist seit 2006 die erste Kulturbeauftrage der EKD

Bischof Nicholas Baines

ist seit 2003 Bischof von Croydon und der anglikanische Vorsitzende der Meißen Kommission, die die Beziehungen zwischen den deutschen evangelischen Kirchen und der anglikanischen Kirche von England koordiniert und fördert.
Nick Baines wurde 1957 geboren und schloss zunächst ein Studium der deutschen und französischen Sprache ab. Nach seinem späteren Theologiestudium wurde er 1988 ordiniert und hatte unterschiedliche Ämter in der Kirche von England inne. 2000 kam er zur Diözese von Southwark (London), wo er sich besonders der Kinder- und Jugendarbeit sowie dem interreligiösen Dialog und der Arbeit mit Kirchenthemen widmete.
Seine Radioandachten machten ihn bekannt und außerordentlich populär.
Nick Baines und seine Frau Linda haben drei Kinder.